고학년
수업
놀이

지도서와 함께 보는
교과서 단원별 놀이 총정리

글 · 주성환 | 그림 · 옥이샘(옥상헌)

지식프레임

들어가는 말

학교에서 선생님들이 담임을 제일 기피하는 학년 중의 하나가 고학년입니다. 고학년을 기피하는 가장 큰 이유 중 하나는 선생님을 무시하고 대들기까지 하는 학생들이 있어 지도하기가 힘들기 때문입니다. 물론 많은 학생들이 다 그런 건 아닙니다. 몇몇의 학생들 때문에 힘든 것인데 문제는 반에 이런 학생이 한두 명씩 꼭 있다는 겁니다. 선생님이 "수업에 방해가 되니까 조용히 좀 해줄래?" "나 안 떠들었는데요. 조용히 했는데요. 왜 그러세요?"라고 반응을 하니 선생님이 마치 바보가 되는 느낌을 받곤 합니다. 심지어 "선생님이면 다예요? 참견하지 마세요. 뚱뚱해가지고…." 등과 같이 신체적인 모욕까지 주는 학생도 있습니다. 선생님들 중에는 가르치는 학생들에게 무시당하고 모멸감과 자괴감에 조기 명퇴를 하는 분들도 있습니다.

고학년 담임을 하게 되면 새 학년이 시작되는 3월부터 표정 관리를 잘 해야 한다고 합니다. 절대로 웃으면 안 되고 항상 무섭고 엄한 표정을 지어야 한다고 이야기합니다. 처음부터 물렁하게 보이면 안 된다고 선배 교사들은 후배 교사들에게 충고합니다. 그러나 이것도 마음이 모질지 못한 교사들에게는 해당되지 않습니다. 억지로 무서운 척해도 학생들은 금방 다 알아차립니다. 저도 이런 유형에 속해 힘든 적이 있었습니다.

한 번은 체육 시간에 피구 활동을 하는데 한 학생이 저한테 대드는 것이었습니다. 공에 맞은 학생을 향해 너 공에 맞았으니까 밖으로 나가라고 손짓을 했습니다. 그랬더니 이 학생이 "나 안 맞았어요. 왜 그러세요." 하며 밖으로 나가지 않고 계속 활동하는 것이었습니다. 그래서 재차 "너 맞았으니까 밖으로 나가."라고 했더니 갑자기 얼굴을 붉히면서 친구들에게나 하는 상스러운 말을 하는 것입니다. 너무 어이가 없어서 어떻게 반응을 해야 할지 망설였습니다. 나도 무서운 사람이라는 걸 보여주려고 다른 학생들이 보는 앞에서 그 학생을 붙잡아놓고 화를 내며 꾸중을 하면 이날 체육 수업은 망치게 되고, 모르는 척 하고 넘어가면 다른 학생들이 '우리 선생님은 학생이 화를 내도 꼼짝 못하는구나!'라고 생각하며 계속 저를 무시할 것 같았습니다. 저 학생을 지도하지 않으면 앞으로 계속 같은 행동을 반복할 것 같았습니다. 잘못된 행동을 고쳐줘야 할 것 같았습니다. 그러나 어려서부터 습관화된 저 아이의 행동이 내가 한 번 꾸중한다고 해서 쉽게 고쳐질 것 같지 않았습니다. 그렇지만 교사로서 모르는 척 넘어갈 수는 없었습니다.

그 아이는 반에서 키가 제일 컸고 힘도 세서 다른 학생들이 그 아이의 말에는 반항하지 못했습니다. 그래서 늘 폭력적이었으며 민원의 대상이 되는 주요 인물이었습니다. '일단 체육 수업을 마치고 나서 생각하자' 하고 아무 일 없었다는 듯 태연한 척하며 수업을 계속 진행했습니다. 수업을 진행하면서 '내가 평소 무섭지 않으니까 이런 일을 당하는구나! 앞으로는 절대로 잘해주려고 하지 말자. 웃지도 말고, 많은 규칙을 만들어놓고, 그 규칙을 어기면 여지없이 벌칙을 가하는 율법적인 교사가 되자.'라고 다짐했습니다.

체육 수업을 마치고 교실에 들어가 그 학생을 불러냈습니다. 그리고 타일렀습니다.

"네가 맞은 걸 선생님이 봤으니까 너를 아웃이라고 한 거야. 그런데 어떻게 선생님한테 그런 말과 행동을 할 수 있니? 잘했다고 생각해?"

내 말이 끝나기도 전에 그 학생은 즉시 반격을 했습니다.

"나, 안 맞았다고요! 왜 선생님은 나만 갖고 그러세요?" 하며 더 이상 이야기하고 싶지 않다는 표정으로 자기 자리로 들어가는 것이었습니다. 또 한 번

후회했습니다. '학생들이 없는 조용한 장소로 불러서 둘이만 이야기를 할 것을 왜 많은 학생들이 있는 데서 이야기를 꺼내 이렇게 또 무시를 당하나?' 하는 생각이 들었습니다.

이제 3월인데 이 학생들과 일 년을 보낼 생각을 하니 막막했습니다. 엄하지 않은 사람이 엄한 척하려니 하루하루가 힘들었습니다. 체육 시간에는 축구, 농구, 피구와 같은 경쟁 활동을 절대로 하지 않았습니다. 철봉, 뜀틀, 멀리뛰기와 같은 체력 활동을 주로 했고, 어쩔 수 없이 공놀이를 해야 할 때면 게임이 아닌 공 몰고 다니기, 패스하기와 같은 기본 활동만 했습니다. 그랬더니 그 학생은 체육 시간이 재미가 없었나봅니다. 체육 시간만 되면 배가 아프다며 보건실에 갔습니다. 보건실 침대에 누워 핸드폰 게임을 하며 시간을 보내는 것이었습니다. 그래서 보건 선생님과 협의하여 보건실에서 게임을 하지 못하도록 했으며 치료가 끝나면 보건실에 있지 말고 운동장 벤치에 앉아 있도록 했습니다. 그 이후 그 학생은 체육 시간에는 벤치에 앉아 있었지만 체육 활동은 하지 않았습니다. 그렇게 서로 힘든 시간을 보내고 있었습니다.

그러던 어느 날, 벤치에 멍하니 혼자 앉아 있는 그 아이가 왠지 측은해 보였습니다. '저 아이도 아마 뭔가 힘든 일이 있을 거야. 저렇게 성격이 형성된 데는 다 이유가 있을 거야.'라는 생각이 들었습니다. 그래서 학생들에게 활동을 계속하라고 시켜놓고 벤치에 앉아 있는 그 학생에게로 다가갔습니다. 이름을 불러주며 조용히 그 옆에 앉았습니다. 초콜릿 과자를 하나 주며 먹으라고 했습니다. 아이는 받지 않고 시큰둥한 반응을 보였습니다.

"내가 특별히 너 주려고 갖고 온 거야. 먹어." 하며 까서 줬더니 받아 먹었습니다. 한 팔로 아이의 어깨를 감싸주며 다정한 목소리로 말을 건넸습니다.

"힘들지? 혹시 아빠가 너무 무섭지 않니?"

저는 아빠의 폭력이 이 학생을 반항아로 만든 건 아닐까 짐작했습니다. 한 마디의 말을 건넸을 뿐인데 갑자기 아이의 눈에서 눈물방울이 뚝 떨어지는 것이었습니다. 어느덧 아이의 이야기를 듣는 나의 눈에도 눈물이 맺혔습니다. 이렇게 힘든 아이의 마음을 전혀 몰라줬던 것이 미안했습니다. 내가 엄하지 않았기 때문에 이 학생이 이렇게 버릇없다고만 생각하며 엄한 선생이 되려고 했던 자신이 부끄러웠습니다. 선생님 말을 잘 듣도록 엄하게 하며 꼼짝 못하게 하는 것이 교육이 아니라 학생들과 소통하는 것이 교육이라는 것을 깨달았습니다. 학생들과 소통하는 데 놀이보다 더 좋은 것은 없다는 것을 다시 한 번 알게 되는 소중한 시간이었습니다.

이 책에는 스스로 체험하게 하는 많은 수업 놀이가 수록되어 있습니다. 학교 수준과 실정에 맞게 조금씩 변형해가며 적용하시면 선생님들께 큰 도움이 되리라 생각합니다. 《저학년 수업 놀이》, 《중학년 수업 놀이》에 이어 책을 출간하도록 도와주신 놀이학습연구회 회원들과 지식프레임 출판사에 깊은 감사를 드립니다.

2020년 01월
주성환

Contents

Part 2 수학 수업 놀이

Part 3 사회 과학 수업 놀이

Part 4 도덕 수업 놀이

Part 5 예체능 수업 놀이

Part 6 기타 수업 놀이

고학년으로 올라갈수록 놀이를 수업에 적용하기가 힘들어집니다.
학습해야 할 분량도 많고 수업 내용도 복잡해지기 때문입니다.
그래서 고학년 때는 아이들이 학습에 흥미를 잃기가 쉽습니다.
지루한 학생들의 수업을 즐거운 수업으로 바꾸는 데 놀이처럼 좋은 것이 없습니다.
어떻게 하면 고학년 아이들이 스스로 참여하게 하는
즐거운 수업으로 이끌 수 있을까요?

Part 0

고학년 수업 놀이, 이렇게 하세요!

올바른 인성을 기르고 성취감을 느낄 수 있는 수업 놀이.
서로 협력하고 응원하는 지혜로운 고학년 교실!

고학년 수업 놀이, 어떻게 해야 즐겁고 쉽게 할 수 있을까요?

고학년 수업은 참 어렵습니다. 내용과 분량도 저학년, 중학년 때와는 비교가 되지 않지요. 그래서 고학년 때는 놀이로 하는 수업이 무리라고 생각하기 쉽지만 놀이 수업이 더 필요한 때가 고학년이라고 생각합니다. 공부가 힘에 부치는 고학년 수업 시간에 아이들 스스로 참여하고 이해하며 배우는 놀이 수업은 아이들에게 학습에 대한 동기를 부여합니다. 그래서 너무 무리한 수업 놀이보다는 성취감을 느낄 수 있도록 작은 단위로 수업 계획을 세우는 것이 중요합니다.

또한 이 시기의 아이들은 또래 집단과의 관계가 더 친밀해집니다. 또래 관계가 중심에 놓이게 되고 집단따돌림, 왕따, 은따 같은 학교 폭력이 일어나는 빈도수가 높아집니다. 그래서 고학년 아이들에게 학습보다 더 중요한 것은 마음을 단단히 키우는 일입니다. 친구들에게 선한 영향력을 주는 아이로, 남을 배려하는 아이로 키우는 것은 아이들의 성장에도 중요한 일입니다. 그럼 고학년 아이들에게는 어떤 수업 놀이가 필요할까요?

놀이를 통해 성취감을 느낄 수 있도록 하자

고학년 놀이 수업은 재미도 중요하지만 재미보다는 놀이를 통하여 목표를 성취하게 하는 것에 그 목적이 있습니다. 재미 위주의 수업을 하다 보면 수업 내용과는 동떨어진 활동을 하게 되는 경우가 많습니다. 그리고 고학년 학생들 중에는 움직이는 활동을 싫어하는 학생들도 많아 유치하다고 생각되는 활동에는 잘 참여하려고 하지 않습니다. 그러므로 제자리에서 활동하면서 수업의 목표를 달성할 수 있는 놀이를 해야 참여도가 높아집니다.

고학년은 학습해야 할 분량도 많아 놀이를 자주할 수 없습니다. 주로 단원의 마무리 단계에서 정리하는 학습을 할 때 놀이 수업을 하면 좋습니다. 모둠끼리 협력하여 과제를 수행할 수 있는 놀이 수업을 위주로 해서 학생들이 협력을 통해 작은 성공의 기쁨을 누리게 하는 것이 중요합니다. 경쟁보다는 공동의 목표를 달성하게 하는 것 또한 중요합니다. 특히 사회 교과에서의 프로젝트 수업은 놀이 수업의 좋은 예이기도 합니다.

아이들이 자신감을 가질 수 있는 놀이를 하자

새 학년 새 학기가 되면 학생들의 관심사가 '우리 담임 선생님이 누구신가?'에 있는 것처럼 선생님들의 관심사도 역시 '우리 반 아이들이 누구인가?'입니다. 학생들은 무서운 선생님을 만나면 '일 년을 어떻게 지내나?' 하고 걱정하고, 선생님들은 말썽꾸러기 학생을 만나면 '일 년이 힘들겠구나!' 하고 걱정을 합니다. 특히 소문이 나 있을 정도로 힘들게 하는 학생을 맡으면 '올해는 운이 없네. 일 년만 잘 견디자'라고 생각하게 되는데 이제는 이런 생각을 버려야 합니다. 개성이 강한 학생들이 점점 많아지고 있고, ADHD와 같이 가르치기 힘든 학생들이 점점 늘어나고 있으므로 이제는 피할 수 없습니다. 피할 수 없는 것은 당연하다고 받아들여야 합니다.

수업 시간에 늘 엎드려 잠만 자는 6학년 학생이 있었습니다. 하루 종일 아무런 활동도 안 하고 잠만 잤지만 아무도 신경 쓰지 않았습니다. 언제부터 그랬는지, 왜 잠만 자게 됐는지 알 수는 없었지만 오래된 습관인 듯 보였습니다. 그런데 유일하게 반응을 보이는 수업이 있었는데 놀이로 하는 제 수업이었습니다. 수업에 흥미를 잃는 학생을 수업에 재미를 붙이도록 참여시킬 수 있는 몇 가지 방법을 생각해보았습니다.

첫 번째, 답을 요구하는 활동은 되도록 하지 않았습니다. 답을 요구하는 활동은 정답과 오답이 분명하기 때문에 이 학생은 자신이 없을 것이 분명했습니다. 자신이 없으니 당연히 아예 관심 없는 척, 모르는 척 잠만 잘 것이 분명했습니다. 그래서 답이 없는 활동 또는 어떤 것이든 다 답이 되는 활동을 했습니다.

두 번째, 개인별 능력이 나타나는 활동도 피했습니다. 개인의 능력이 나타나는 활동은 누가 잘하고, 누가 못하는지 분명하게 나타납니다. 그래서 개인보다는 모둠의 결과를 요구하는 활동을 주로 했습니다. 모둠의 결과를 요구하는 것은 개인의 능력 차가 보이지 않았습니다. 개인이 못해도 모둠의 누군가가 잘하면 그 모둠은 전체가 다 잘하는 것으로 나타나기 때문입니다.

세 번째, 머리를 써서 해야 하는 어려운 활동은 피하고 간단하면서 누구나 쉽게 할 수 있는 활동을 찾았습니다. 머리를 쓰는 활동이면 이 학생은 쉽게 포기하고 말 것이 분명했습니다. 게임을 하더라도 '묵찌빠'로 승자를 결정짓는 활동을 했습니다. '묵찌빠'와 같은 게임은 머리보다는 운이 많이 좌우하기 때문에 누구나 쉽게 접근할 수 있고, 누구나 승리의 기쁨을 느낄 수 있어 좋았습니다.

네 번째, 과제가 없는 활동을 했습니다. 과제를 제출해야 하는 활동은 학생들이 부담을 갖기 때문에 그 시간의 수업으로 마무리되는 분량의 수업 내용을 갖고 활동했습니다.

다섯 번째, 이 학생의 장점이 무엇인지 찾아봤습니다. 다행히 이 학생은 만화 그리는 것을 좋아했습니다. 자기의 생각도 만화를 통해 표현하곤 했습니다. 그래서 만화로 표현하는 놀이 활동을 많이 했습니다. 자기가 잘하는 것을 하니까 친구들에게 자신의 존재를 드러내며 자신감을 갖기 시작했습니다. 아이는 제가 가르치는 도덕 시간이 제일 좋다고 했습니다. 일주일에 한 번 있는 도덕 시간이 기다려진다고 하면서 제가 가면 자기가 그린 만화를 자랑하곤 했습니다. 경쟁으로 승패를 가리지 않는 놀이는 누구나 참여하게 하는 능력이 있습니다. 틀려도 수치스럽지 않고 재미를 주는 놀이가 필요합니다.

한 번에 고치려는 마음을 갖지 말자

서서히 달궈진 그릇은 한 번에 식지 않습니다. 서서히 식혀야 합니다. 교육열이 투철한 교사 중에는 학생들의 잘못된 행동을 보고 그냥 넘기지 못하는 경우가 있습니다. 이런 분들은 어떻게 하든 학생들의 나쁜 습관을 고쳐보려고 애씁니다. 과거에는 점심시간에 김치를 안 먹는 학생들은 김치를 먹을 때까지 점심시간이 끝나도록 밖에 못 나가게 했으며, 숙제를 안 해 온 학생들은 선생님 퇴근 시간까지 남겨서 숙제를 하도록 시켰습니다. 그래도 민원 하나 없이 지낼 수 있었습니다. 그러나 지금은 다릅니다. 시간이 흘렀고 세월이 변했습니다. 열심히 가르치다 보면 엄격해지고, 엄격하다 보면 학생들의 자유를 통제하게 되어 학생 인권을 침해했다는 민원에 시달리게 됩니다. 그러므로 내가 뜯어 고치겠다는 급한 마음을 갖지 말아야 합니다. 오랜 시간 동안에 습득된 문제 행동들은 하루아침에 바뀌지 않습니다. 나쁜 습관은 한 번에 바뀌는 것이 아니라 조금씩 변하는 것입니다. 당장 변하지 않더라도 인내심을 갖고 꾸준히 지도해야 합니다. 꾸준히 지도하다 보면 어느새 달라져 있는 모습을 발견하게 될 것입니다.

지도를 핑계로 엄하게 벌을 주어서도 안 됩니다. 예전과 달리 지도 방법도 바뀌어야 합니다. 다투는 학생들에게 벌을 주는 대신에 둘이 연필 한 개나 공 한 개를 새끼손가락으로 서로 밀면서 떨어뜨리지 않고 목적지까지 갔다 오는 과제를 줍니다. 협력해야 수행할 수 있는 재미있는 놀이 과제를 주면 과제를 수행하다가 서로 웃게 됩니다. 이렇게 마음이 풀어진 다음에 어디서부터 다툼이 시작됐는지, 나의 행동에 대한 상대방의 마음은 어땠을지 생각해보게 하고 이야기하게 하면 다툼이 쉽게 해결될 것입니다. 지금의 교사는 방치하지도 않고, 벌을 주지도 않으면서 효과적으로 지도할 수 있는 수업 놀이 방법을 연구해야 할 때입니다.

규칙을 지키는 습관을 키워주자

놀이에는 많은 규칙이 있습니다. 규칙을 어기는 놀이는 더 이상 놀이가 되지 않습니다. 규칙과 법을 지키는 것은 민주시민이 갖추어야 할 가장 기본 덕목입니다. 놀이를 통해 규칙을 지키는 습관을 길러야 합니다. 선생님들은 학생들이 규칙을 어긴 것에 대해 관대해서는 안 됩니다. 작은 불씨를 잡지 않으면 큰불이 됩니다. 작은 규칙이라도 어기면 즉시 규칙을 어겼음을 알려주고 다시 하게 하거나 점수를 얻지 못하게 해야 합니다. 작은 규칙을 어기는 것을 못 본 척 넘어가게 되면 다음에도 계속 같은 행동을 하게 될 것이고, 다른 친구들도 같은 규칙을 어기게 될 것입니다. 뒤늦게 한 친구를 지적하면 저 친구도 그랬는데 왜 나만 갖고 그러냐고 반박할 것입니다. 그러므로 작은 규칙을 어겼을 때 즉시 지적을 해줘야 다른 친구들도 작은 규칙이라도 규칙을 어기면 안 된다는 것을 알게 됩니다. 특히 고학년일수록 규칙은 철저히 지켜야 한다는 것을 알게 해야 합니다.

기억에 남는 선생님이 되도록 하자

시내를 걷고 있을 때였습니다. 누군가 "선생님, 선생님!" 하며 부르는 소리에 뒤를 돌아봤더니 중학생으로 보이는 학생 네 명이 손을 흔들며 나를 향해 달려오고 있었습니다.

"선생님, 안녕하셨어요?"

"그래, 근데 너희들은 누구지?"

"선생님, ○○초등학교 선생님 아니세요?"

"그래, 지금은 다른 학교로 옮겼지만 그 학교에 근무했었지."

"우리 그 학교 졸업생이에요."

"그렇구나. 그러고 보니 너희들 얼굴이 생각난다."

"선생님, 근데 그때 우리 뭐 가르치셨지요?"

"야, 이 녀석아, 선생님이 뭘 가르쳤는지도 몰라? 선생님이 가르친 과목이 하도 많아서 나도 잘 모르겠다. 체육? 음악? 창체? 도덕?"

"맞다, 맞아. 도덕 가르치셨어요."

"그때, 선생님 침 많이 맞았어요."

"그게 무슨 소리니? 침을 맞다니?"

"선생님이 수업하실 때 얼마나 열심히 하셨는지 침을 많이 튀기셨잖아요?"

"그랬니?"

"근데 그때 정말 재미있었어요. 선생님이 율동 노래도 불러주시고, 놀이를 하며 수업을 해서 정말 기다리는 수업이었어요."

"하하, 그랬니?"

학생들과 이야기를 마치고 씁쓸한 기분이 들었습니다. 내 시간을 기다렸다던 학생들이 내가 무슨 과목을 가르쳤는지 모르고 있었으니 내가 무슨 내용으로 수업을 했는지는 전혀 모르고 있을 것이 분명했습니다. 내가 잘한 것인가? 못한 것인가? 헷갈렸습니다.

저의 학창 시절을 생각해봤습니다. 너만은 우등상을 받을 거라고 기대를 했었는데 우등상을 못 받았다고 엉덩이를 때리셨던 선생님과 교무실로 불러 영어 자습서를 건네주며 열심히 공부하라고 격려해주셨던 영어 선생님이 생각났습니다. 그런데 그 선생님이 무슨 내용으로 무엇을 가르쳤는지 전혀 기억이 나지 않았습니다. 단지 분필로 칠판을 두드리며 열심히 설명하셨던 그 모습만 떠올랐습니다. 그러니 이 학생들이 제가 무슨 과목을 가르쳤는지 모르는 것이 당연하다는 생각이 들었습니다. 그래도 길거리에서 손을 흔들며 쫓아온 학생들이 고마웠습니다. 선생님이 싫었으면 손 흔들고 달려오지 않았을 거란 생각에 '내가 잘했구나!' 하고 생각했습니다. 학생들이 기억하는 것은 훈계의 말이 아니라 선생님의 열정과 사랑이라 생각합니다. 무엇이든 사랑으로 열정을 다해 가르친다면 학생들은 선생님의 진심을 알게 될 것입니다. 선생님의 진심이 통한다면 엄한 척하지 않아도 즐거운 학교생활이 되리라 믿습니다.

자신의 경험과 생각을 다양하게 표현하며 타인과 공감하고
협동하는 태도와 배려하는 마음을 기르는 것은
국어 교과의 교육 목표 중 하나입니다.
특히 고학년은 토론과 토의 학습이 많은 비중을 차지하는 편입니다.
자신의 생각이나 의견을 정확히 전달할 수 있고,
상대의 생각을 집중해서 잘 알아듣는 데 도움이 되는 다양한 수업 놀이를 소개합니다.

Part 1
국어 수업 놀이

5-1 국어

1단원 04 지구가 멸망한다면 | 05 돌아가며 의견 나누기 | 09 나의 마음을 감정 컵에 | 12 동화 퀴즈 | 17 상상의 사진 찍기 | 26 연상되는 단어 쓰기

3단원 01 이야기 듣고 그림 그리기 | 13 책 읽고 문제 내기

4단원 06 만화 그리기 | 07 단어를 보고 이야기 꾸미기 | 16 문장 짝 찾기 | 19 문장 만들기 21 자연스러운 문장 만들기

5단원 02 그림 보고 원인과 결과 말하기 | 11 내 말 좀 들어봐요 | 15 다의어 놀이 | 22 동의어 찾기 | 24 표 빼앗기

6단원 18 이야기 주제 정하기

7단원 20 왜냐하면, 그래서 | 23 참과 거짓

8단원 10 맞춤법 놀이 | 27 우리말 나들이

10단원 03 질문 만들기 | 08 연산 역할극 놀이 | 14 우주여행 후에 | 25 몸으로 말해요

5-2 국어

1단원 01 이야기 듣고 그림 그리기 | 03 질문 만들기 | 05 돌아가며 의견 나누기 | 06 만화 그리기 | 09 나의 마음을 감정 컵에 | 11 내 말 좀 들어봐요

2단원 14 우주여행 후에 | 18 이야기 주제 정하기 | 19 문장 만들기 | 21 자연스러운 문장 만들기

4단원 07 단어를 보고 이야기 꾸미기 | 22 동의어 찾기 | 23 참과 거짓 | 26 연상되는 단어 쓰기

5단원 08 연산 역할극 놀이 | 12 동화 퀴즈 | 13 책 읽고 문제 내기

6단원 02 그림 보고 원인과 결과 말하기 | 04 지구가 멸망한다면 | 16 문장 짝 찾기 | 20 왜냐하면, 그래서 | 24 표 빼앗기

7단원 03 자세히 설명하기 | 21 이야기 듣고 그림 그리기

8단원 10 맞춤법 놀이 | 15 다의어 놀이 | 17 상상의 사진 찍기 | 25 몸으로 말해요 | 27 우리말 나들이

6-1 국어

1단원 07 단어를 보고 이야기 꾸미기

2단원 12 동화 퀴즈 | 13 책 읽고 문제 내기

3단원 05 돌아가며 의견 나누기 | 16 문장 짝 찾기

4단원 02 그림 보고 원인과 결과 말하기 | 11 내 말 좀 들어봐요 | 18 이야기 주제 정하기 | 20 왜냐하면, 그래서 | 24 표 빼앗기

5단원 25 몸으로 말해요

6단원 01 이야기 듣고 그림 그리기 | 23 참과 거짓

7단원 10 맞춤법 놀이 | 15 다의어 놀이 | 22 동의어 찾기 | 26 연상되는 단어 쓰기 | 27 우리 말 나들이

8단원 03 질문 만들기 | 08 연산 역할극 놀이 | 14 우주여행 후에

9단원 04 지구가 멸망한다면 | 06 만화 그리기 | 09 나의 마음을 감정 컵에 | 17 상상의 사진 찍기 | 19 문장 만들기 | 21 자연스러운 문장 만들기

10단원 02 그림 속의 주인공 되기

6-2 국어

1단원 11 내 말 좀 들어봐요 | 13 책 읽고 문제 내기 | 14 우주여행 후에 | 17 상상의 사진 찍기 | 26 연상되는 단어 쓰기

2단원 07 단어를 보고 이야기 꾸미기 | 15 다의어 놀이 | 25 몸으로 말해요

3단원 02 그림 보고 원인과 결과 말하기 | 04 지구가 멸망한다면 | 20 왜냐하면, 그래서 | 22 동의어 찾기 | 23 참과 거짓 | 24 표 빼앗기

4단원 05 돌아가며 의견 나누기 | 08 연산 역할극 놀이

5단원 03 질문 만들기 | 09 나의 마음을 감정 컵에 | 16 문장 짝 찾기 | 18 이야기 주제 정하기 | 19 문장 만들기

6단원 01 이야기 듣고 그림 그리기 | 21 자연스러운 문장 만들기

7단원 10 맞춤법 놀이

8단원 06 만화 그리기 | 12 동화 퀴즈

01 이야기 듣고 그림 그리기

- **관련 단원** 5-1 국어 3단원, 5-2 국어 1단원, 6-1 국어 6단원, 6-2 국어 6단원
- **준비물** A4 종이, 색연필

그림을 보고 또는 그림의 내용을 말로 듣고 바르게 전달하는 능력을 키우는 활동이다. 그림을 보고 그림의 내용을 말로 전달하는 것도 쉽지 않지만 그림의 내용을 말로만 듣고 그 내용을 그대로 전달하는 것은 더 어렵다. 바르게 전달하지 않으면 처음 그림과 다른 모습의 그림으로 변해가는데 그런 과정을 통해 정확한 의사전달의 중요성을 깨닫는 놀이이다.

놀이방법

1 한 모둠을 네 명으로 모둠별 활동을 한다. 각 모둠에서 1번부터 4번까지 순서를 정한다.

2 각 모둠의 1번을 복도로 나오도록 한다. 선생님은 첫 번째 사람에게 30초 동안 선생님이 그린 그림을 보여준다. 이때 그림은 너무 어려운 그림을 보여주면 안 된다. 간단하지만 평범하지 않은 그림을 보여주는 것이 좋다. 예로 사람 얼굴을 그려놓고 머리카락은 세 개로, 눈은 삼각형과 네모로, 코는 마름모 형태로, 그리고 입은 직선으로, 귀는 오각형으로 그린다.

3 첫 번째 사람이 선생님이 보여주신 그림을 생각하며 복도에서 그림을 그리고 선생님께 제출한다. 첫 번째 사람이 자기 모둠의 두 번째 사람을 복도로 불러낸다. 그리고 두 번째 사람에게 복도에서 말로 그림을 설명한 후 자기 자리로 돌아간다. 여기서 주의해야 할 점은 자기 자리에 돌아가서는

다른 사람에게 그림의 내용을 설명하면 안 된다는 것이다.

4 두 번째 사람이 첫 번째 사람에게 들은 내용을 생각하며 그림을 그리고 선생님께 제출한다. 두 번째 사람이 세 번째 사람을 복도로 불러내어 그림의 내용을 말로 설명한다. 세 번째 사람이 그림을 그리고 네 번째 사람에게 말로 설명한다.

5 네 번째 사람까지 그림을 다 그리면 선생님은 각 모둠이 그린 그림을 순서대로 칠판에 붙인다. 그림이 변해가는 모습을 모둠별로 칠판에 붙여놓고 관찰한다.

6 그림이 왜 변해갔는지, 우리 모둠의 그림은 어떻게 변해갔는지, 활동 후의 느낌을 나눈다.

놀이의 팁 

- 모둠에서 순서를 정할 때는 주로 한 사람이 일방적으로 "너 2번, 너 3번, 너 4번, 나 1번" 이렇게 정하는 경우가 많은데 모둠에서 의논해서 정하도록 하는 것이 좋다. 예를 들어 가위바위보를 하거나, 손의 크기가 작은 사람부터 정하거나, 볼펜을 돌려 볼펜 끝이 가리키는 사람부터 정하거나, 출석 번호 순서대로 하는 등 모둠에서 의논해서 정하도록 한다.
- 한 번의 활동으로 끝내지 말고 다른 그림을 가지고 몇 번의 활동을 하면 집중력이 생겨 더 좋은 결과를 얻게 된다. 그리고 다시 활동을 할 때는 각 모둠의 순서를 바꿀 수 있도록 하는 것이 좋다. 각 모둠에서 의사전달 능력이 떨어지는 학생을 맨 첫 번째 사람으로 활동하도록 해도 좋다.

02 그림 보고 원인과 결과 말하기

- **관련 단원** 5-1 국어 5단원, 5-2 국어 6단원, 6-1 국어 4단원, 6-2 국어 3단원
- **준비물** 여러 종류의 그림

선생님이 제시하는 여러 그림 중에서 자기와 관련이 있다고 생각하는 그림을 하나 선택하여 그림 속의 주인공이 되어본다. 그림 속의 주인공이 왜 그런 행동을 했으며, 어떤 결과가 나타났는지, 원인과 결과가 어울리게 이야기하는 활동이다. 사건의 결과에는 원인이 있다는 것을 알게 하고, 원인과 결과가 자연스럽게 연결되도록 이야기하는 능력을 키운다. 이야기하는 사람들 대개는 자신의 경험을 기억하며 이야기하게 된다. 그러므로 듣는 사람들은 이야기하는 사람의 마음을 이해할 수 있게 되고, 공감할 수 있게 된다. 이야기하는 사람들의 슬픔을 나눌 수 있어 큰 슬픔을 겪어 우울해하는 친구를 위로해줄 수 있는 수업이다.

놀이 방법

1 불 끄는 모습의 사진, 상을 받는 그림, 울고 있는 그림, 병원에 누워 있는 그림 등 어떤 종류의 그림이든 여러 장의 그림을 준비한다.

2 네 명을 한 모둠으로 모둠 수업을 한다.

3 선생님이 제시하는 그림 중에서 나와 관계가 있거나 갖고 싶은 그림을 각자 한 장씩 선택한다.

4 모둠에서 한 사람씩 자기가 선택한 그림 속의 주인공이 되어 그림 속의 사건에 대해 설명한다. 왜 이런 행동을 했는지, 그래서 어떤 결과가 나타났는

지, 원인과 결과가 자연스럽게 연결되도록 이야기한다.

놀이의 팁 Tip

- 모둠끼리 돌아가며 이야기를 다 했으면 다른 그림 카드로 바꾸어 계속할 수도 있고, 모둠원을 바꾸어가며 이야기할 수 있다.

03 질문 만들기

• **관련 단원** 5-1 국어 10단원, 5-2 국어 1단원, 6-1 국어 8단원, 6-2 국어 5단원
• **준비물** 여러 종류의 그림

그림을 보고 많은 질문을 만드는 놀이다. '02 그림 보고 원인과 결과 말하기' 활동과 연계하면 좋다. 한 사람이 일방적으로 이야기하고, 한 사람은 일방적으로 듣기만 하는 대화는 바람직한 소통 방법이 아니다. 대화를 듣는 사람은 말하는 사람에 대해 공감해주고, 궁금한 것을 질문하며 듣는 자세가 필요하다. 여러 그림을 보며 질문을 만들어내는 활동으로 질문을 만드는 능력을 키우는 데 도움이 되는 놀이다.

놀이 방법

1 네 명을 한 모둠으로 모둠 활동을 한다.
2 모둠별로 여러 모습이 있는 그림을 보여준다. (예 : 놀이공원에서 놀이기구를 타는 그림, 환하게 웃는 아이의 그림, 공원에서 강아지와 함께 산책하는 사람의 그림, 바다에서 수영하는 사람의 그림, 화가 난 사람의 그림 등)
3 제시된 그림 중에서 자기와 관련이 있거나 맘에 드는 그림을 한 장씩만 갖는다.
4 모둠에서 순서를 정하여 첫 번째 사람부터 자기가 고른 그림을 모둠원에게 보여준다. 모둠원은 첫 번째 사람이 고른 그림을 보면서 질문을 한다. (예 : 공원에서 강아지와 산책하고 있는 사진을 골랐다면 공원에는 무엇이 있나요? 공원에서 산책하면서 무엇을 봤나요? 왜 긴 바지를 입었나요? 바람이 불었나요? 그때 어떤

느낌이 들었나요? 등)

5 그림을 보여준 첫 번째 사람은 질문을 받을 때마다 자신이 마치 그림 속의 주인공이 된 것처럼 그 질문에 답을 한다. 자신이 겪은 경험을 토대로 이야기해도 좋고, 아니면 상상하여 이야기해도 좋다.

6 더 이상의 질문이 없으면 두 번째 사람이 모둠원에게 그림을 보여준다.

놀이의 팁 Tip

- 질문은 한 사람이 한꺼번에 여러 개 하는 것보다는 한 사람이 하나씩 돌아가며 하는 것이 좋다.

04 지구가 멸망한다면

• **관련 단원** 5-1 국어 1단원, 5-2 국어 6단원, 6-1 국어 9단원, 6-2 국어 3단원

지구가 멸망하더라도 내가 살아야 하는 이유를 말하는 활동으로 상상력을 기르고 자존감을 세울 수 있는 놀이다. 다른 친구의 이야기를 들으며 친구들은 어떤 생각을 하고 있는지 친구의 마음을 이해하는 데 도움이 된다.

놀이 방법

1 네 명을 한 모둠으로 모둠 활동을 한다.

2 선생님은 '핵전쟁으로 지구가 멸망했다'라는 상황을 준다. 한 사람씩 돌아가며 핵전쟁으로 지구가 멸망하더라도 내가 살아야 하는 이유를 말한다.

3 의사, 과학자, 신부님, 대학생, 운동선수, 요리사 중에서 같이 살아야 할 사람 한 명을 선택한다면 누구를 선택할 것이며 그 이유는 무엇인가에 대해 돌아가며 이야기한다.

05 돌아가며 의견 나누기

- **관련 단원** 5-1 국어 1단원, 5-2 국어 1단원, 6-1 국어 3단원, 6-2 국어 4단원
- **준비물** B4 종이

모둠별로 토의를 하라고 하면 주도적인 학생 몇 명만 참여하고 소극적인 학생들은 무임승차하게 되는 경우가 많은데 이런 폐단을 없애고 누구나 참여하게 하는 활동이다. B4 종이를 4등분하여 모둠원 네 명이 각자 나눠 갖는다. 자기의 종이에 각자의 의견을 적도록 하고, 가운데 종이에는 모둠의 의견으로 채택할 내용을 적을 수 있다.

놀이 방법

1 네 명을 한 모둠으로 모둠 활동을 한다.

2 각 모둠이 B4 종이 한 장씩 갖고 종이를 대각선으로 두 번 접어 네 부분으로 나눈다. 가운데에 원을 하나 그려 넣는다. 원을 제외한 네 부분은 한 사람씩 각각 개인의 공간으로 정한다.

3 '학교 폭력을 예방하는 좋은 방법'에 관한 내용으로 주제를 정했다면 각자의 의견을 원을 제외한 자기의 공간에 적는다.

4 의견을 나누면서 모둠의 의견으로 채택할 내용 세 가지를 골라 원에 적는다.

5 모둠별로 원에 적은 내용을 발표한다.

놀이의 팁 Tip

- 각 모둠에서 나온 의견 중에서 학급의 의견으로 채택할 내용 세 가지를 고른다. 선생님은 각 모둠의 활동지를 버리지 말고 교실 뒤에 부착하여 활동이 끝난 후 지도를 하는 것이 좋다.

06 만화 그리기

• **관련 단원** 5-1 국어 4단원, 5-2 국어 1단원, 6-1 국어 9단원, 6-2 국어 8단원
• **준비물** A4 종이

친구와 협력하며 만화를 그리는 활동이다. 만화 그리기는 누구나 쉽게 접근할 수 있는 활동 중의 하나다. 하지만 친구와 협력하는 만화 그리기 활동은 서로의 생각이나 표현 방법이 다르기 때문에 쉽지 않다. 주제도 정해주지 않고, 말도 하지 않으면서 친구와 협력하여 만화를 그리게 하면 어떨까? 협동심과 창의력을 키울 수 있는 놀이다.

01 말없이 4컷 만화 동시에 그리기

1 두 명이 짝 활동을 한다. 두 명에게 A4 종이 한 장을 나눠주고 가로, 세로 선을 두 개 그어 A4 종이를 4등분으로 나누도록 한다. 한 사람이 두 칸에 그림을 그리면 모두 4컷의 만화를 그리게 된다.

2 아무 말 없이 각자 그리고 싶은 것을 동시에 그린다. 친구가 그리는 그림을 보지 않고 나만의 그림을 그려나가면 된다.

3 다 그린 후 무엇을 표현했는지 짝에게 설명한다.

4 4컷의 그림이 자연스럽게 연결될 수 있도록 짝과 같이 이야기를 꾸며본다. 주제가 없어 이야기가 연결되지 않을 것이다. 그러나 이야기가 되는 팀이 있다면 전체 학생들에게 발표하게 한다. 이야기가 만들어지는 팀에게 서로 마음이 잘 통하고 있음을 칭찬한다.

02 말없이 4컷 만화 순서대로 그리기

1 두 명이 짝 활동을 한다. 두 명에게 A4 종이 한 장을 나눠주고 A4 종이를 4등분으로 나누도록 가로, 세로 선을 두 개 긋는다. 4컷에 1, 2, 3, 4 번호를 적는다. 한 사람이 1번과 3번 두 칸에 그림을 그리고, 다른 한 사람은 2번과 4번의 컷에 그림을 그린다. 누가 먼저 그림을 시작할지 정한다.

2 먼저 그림을 시작하는 사람은 아무 말 없이 1번 컷에 그림을 그린다. 1번 컷에 그림이 완성되면 다음 사람은 1번 컷의 그림을 보고 말없이 2번 컷에 그림을 그린다. 2번 컷의 그림이 완성되면 그림을 먼저 시작했던 사람은 3번 컷에 그림을 그린다. 그리고 짝이 다시 4번 컷의 그림을 그린다.

3 다 그린 후 나는 무엇을 표현했는지 짝에게 설명한다.

4 4컷의 그림이 자연스럽게 연결될 수 있도록 짝과 같이 이야기를 꾸민다. 서로 말을 하지 않았지만 그림의 순서를 정해주었고, 짝이 그린 그림을 봤기 때문에 이야기가 연결되는 팀이 있을 것이다. 이야기가 만들어진 팀이 있다면 전체 학생들에게 발표하게 한다. 이야기가 만들어진 팀에게 서로 마음이 잘 통하고 있음을 칭찬한다.

03 주제를 정하고 4컷 만화 순서대로 그리기

1 두 명이 짝 활동을 한다. 두 명에게 A4 종이 한 장을 나눠주고 A4 종이를 4등분으로 나누도록 가로, 세로 선을 두 개 긋는다. 4컷에 1, 2, 3, 4 번호를 적는다. 한 사람이 1번과 3번 두 칸에 그림을 그리고, 다른 한 사람은 2번과 4번의 컷에 그림을 그린다. 누가 먼저 그림을 시작할지 정한다.

2 예를 들어 '영수의 여름방학'과 같은 만화의 주제를 정해준다. 무엇을 표현할 것인지 친구랑 충분히 의견을 나누고 시작하게 한다.

3 4컷의 그림이 자연스럽게 연결될 수 있도록 짝과 같이 이야기를 꾸미고, 전체 학생들에게 발표한다.

놀이의 팁 Tip

- 두 명이 모여 4컷의 만화 그리기 활동이 익숙해진 후에 네 명이 모여 8컷의 만화를 그리도록 할 수 있다.

07 단어를 보고 이야기 꾸미기

• **관련 단원** 5-1 국어 4단원, 5-2 국어 4단원, 6-1 국어 1단원, 6-2 국어 2단원
• **준비물** 단어 카드

제시된 단어를 연결하여 새로운 이야기를 꾸미는 활동이다. 제시된 단어들을 모두 사용하여 이야기를 꾸며야 한다. 예를 들어 토끼와 거북이의 단어를 제시하면 누구나 쉽게 이야기를 꾸밀 수 있지만 토끼나 거북이와 전혀 연관성이 없을 것 같은 옥수수, 개미, 부산과 같은 단어를 제시한다면 이 단어들을 연결하여 새로운 이야기를 꾸미는 것은 쉽지 않다. 상상력과 창의력을 키울 수 있는 놀이다.

놀이 방법

1 네 명을 한 모둠으로 정한다. 각 모둠에게 이야기의 내용을 꾸밀 단서가 되는 단어 카드를 여섯 장씩 나눠준다. 예를 들어 '거북이, 토끼, 바다, 경주, 옥수수, 눈물'이라는 단어를 받았다면 여섯 개의 단어가 모두 들어가게 하여 새로운 이야기를 꾸민다.
2 모둠원끼리 의논해서 꾸며낸 이야기를 발표한다.
3 재미있고, 자연스럽게 이야기를 꾸민 모둠에게 칭찬을 해준다.

08 연산 역할극 놀이

- **관련 단원** 5-1 국어 10단원, 5-2 국어 5단원, 6-1 국어 8단원, 6-2 국어 4단원
- **준비물** 단어 카드

친구들의 역할극을 보고 그 역할극을 어떻게 변경하면 좋을지 의견을 제시하는 활동이다. 예를 들어 어느 모둠이 학교 폭력에 관한 역할극을 한다면 다른 모둠은 그 역할극을 보고 수정하면 좋을 내용을 말한다. 그러면 역할극을 하는 모둠이 다른 모둠이 제시한 내용으로 역할극 내용을 바꾸어 연기해보는 활동이다.

놀이 방법

1 한 모둠의 인원을 여섯 명으로 모둠을 나눈다.

2 각 모둠별로 진행할 역할극 주제를 정한다. 주제는 모든 모둠이 같은 주제로 해도 좋고, 각각 다른 주제로 해도 좋다. 주제에 맞는 역할극 대본을 작성한다.

3 첫 번째 모둠이 학교 폭력에 관한 역할극을 준비했다면 첫째 모둠이 발표

를 하고 다른 모둠은 조용히 감상한다. 첫 번째 모둠의 발표가 끝나며 두 번째 모둠은 더하기나 빼기 역할극을 주문하고, 셋째 모둠은 곱하기나 나누기 역할극을 주문한다. 다음은 역할극의 규칙이다.

역할극의 규칙

더하기 역할극 발표한 역할극에 새로운 사람을 등장시키도록 주문한다.

빼기 역할극 현재의 등장인물 중에서 어느 등장인물을 역할극에서 빼도록 주문한다.

곱하기 역할극 현재 등장인물이 한 행동 중에서 다른 행동을 더 하도록 주문한다.

나누기 역할극 현재 등장인물이 한 행동 중에서 이 행동은 하지 말라고 주문한다.

4 첫째 모둠 - 힘이 강한 친구가 힘이 약한 친구를 때리고 놀리는 상황을 연출한다. 피해자는 아무런 저항도 없이 당하고만 있다. 한 친구는 가해자에게 말리는 역할을 하고 나머지 친구는 그 옆에서 구경하는 방관자 역할을 한다.

둘째 모둠 - 선생님 한 분을 등장인물로 등장시키도록 더하기 역할극을 주문한다. 방관자 중 한 사람이 선생님에게 이 사실을 알리도록 하고 선생님이 역할극에 개입하도록 주문한다. 그러면 첫째 모둠에서 한 사람이 선생님 역할을 하고 역할극을 다시 한다. 선생님 역할을 할 사람이 없다면 다른 모둠의 사람이 선생님 역할을 할 수 있다. 선생님이 개입되면 역할극의 내용은 다르게 변하게 된다. 어떻게 변하게 되는지 둘째 모둠의 의견을 듣고 첫째 모둠이 의논한 후 결정한다. 그리고 다시 역할극을 보여준다.

셋째 모둠 - 등장인물 중에서 빼기 역할극을 주문한다. 등장인물 중에서 가해자에게 피해자를 때리거나 놀리지 말라고 말리는 사람을 등장인물에서 빼도록 한다. 그러면 주문을 받은 첫째 모둠은 말리는 사람이 없어진 후 상황을 연출해 연기를 한다. 이렇게 말리는 사람이 없을 때 상황은 더 악화될 수 있다는 것을 역할극을 통해 알게 한다.

넷째 모둠 - 곱하기 역할을 주문한다. 등장인물 중에서 아무 저항이 없었던 피해자가 가해자에게 당당히 저항하고 맞서는 역할을 하도록 주문한다. 그러면 첫째 모둠은 피해자가 당당하게 폭력에 대해 저항하는 역할을 하는 연기를 다시 한다. 피해자의 저항으로 가해자의 폭력을 멈추는 연기를 할 수 있다.

다섯 째 모둠 - 나누기 역할을 주문할 수 있다. 등장인물 중에서 가해자가 피해자를 때리고 놀리는 행동을 빼고, 가해자가 피해자와 사이좋게 이야기하는 행동으로 바꾸도록 주문할 수 있다. 그러면 첫째 모둠의 가해자는 피해자와 같이 놀자고 다정하게 이야기하는 연기를 다시 한다.

5 활동이 끝난 후 느낀 소감을 발표한다.

놀이의 팁 Tip

- 역할극 활동은 대본 쓰기부터 쉽지 않다. 평소 역할극 수업을 했던 경험이 없으면 이 수업은 진행하기 힘들다. 그러므로 역할극 수업이 익숙해진 후에 진행하는 것이 좋다.
- 연기를 하지 않는 다른 모둠도 연기에 몰입할 수 있고, 더 좋은 아이디어 제공으로 좋은 결과를 얻을 수 있다.

09 나의 마음을 감정 컵에

- **관련 단원** 5-1 국어 1단원, 5-2 국어 1단원, 6-1 국어 9단원, 6-2 국어 5단원
- **준비물** 각 모둠마다 종이컵 여섯 개, 붙임종이

기억에 남는 사건을 적은 종이를 감정 컵에 넣고 어떤 일이 있었는지 마음을 나누는 활동이다. 겪은 일의 느낌을 말하면서 친구를 이해하고, 솔직하고 자유롭게 감정을 표현하는 능력을 키우는 데 도움이 되는 놀이다.

놀이 방법

1 네 명을 한 모둠으로 만들고 모둠끼리 모여 앉는다. 모둠마다 종이컵 여섯 개를 놓는다.

2 각 모둠마다 컵 세 개에는 슬픈 얼굴을 그리고, 컵 세 개에는 기쁜 얼굴을 그린다. 슬픈 얼굴이 그려진 컵 한 개와 기쁜 얼굴이 그려진 컵 한 개에 각각 '한 살~다섯 살'이라고 쓴 종이를 붙인다. '여섯 살~열 살'이라고 쓴 종

이를 슬픈 얼굴이 그려진 컵 한 개와 기쁜 얼굴이 그려진 컵 한 개에 각각 붙인다. '열 살~현재'라고 쓴 종이를 슬픈 얼굴이 그려진 컵 한 개와 기쁜 얼굴이 그려진 컵 한 개에 각각 붙인다.

3 각자 나이별로 기억에 남는 사건을 붙임종이나 색종이에 간략하게 적는다. '키우던 강아지가 죽었다', '전학을 왔다' 등과 같이 기억나는 일을 간략하게 적고, 그 일이 일어났던 시기와 맞는 종이컵에 넣는다. 기쁜 기억이면 기쁜 얼굴이 그려진 컵에, 슬픈 기억이면 슬픈 얼굴이 그려진 컵에 넣는다.

4 '한 살~다섯 살'의 종이컵에 종이를 넣은 사람부터 자기가 쓴 종이를 꺼내 읽는다. 그리고 어떤 사건이 있었는지 모둠원에게 자세히 이야기한다.

5 모둠의 모든 사람이 나이가 어릴 때의 사건부터 시작해서 현재까지의 사건을 모두 이야기하면 활동을 끝낸다.

놀이의 팁 Tip

- 자기의 감정을 솔직하게 표현하기란 쉽지 않다. 특히 친구가 물어보지도 않았는데 스스로 내가 겪은 이야기를 할 수 있는 학생도 많지가 않다. 따라서 아이들이 자기의 감정을 이야기할 수 있는 기회를 따로 제공하는 것이 좋다.
- 다른 친구들은 이야기를 들으며 궁금한 것을 질문할 수 있다.
- 슬펐던 기억부터 이야기하고 기뻤던 기억을 이야기하면 아이들이 좋은 기분으로 수업을 마칠 수 있다.

10 맞춤법 놀이

- **관련 단원** 5-1 국어 8단원, 5-2 국어 8단원, 6-1 국어 7단원, 6-2 국어 7단원
- **준비물** A4 종이, 교과서, 동화책

우리 모둠이 적은 내용을 다른 모둠과 바꾸어서 잘못 적은 맞춤법을 찾아 고치는 활동이다. 네 명을 한 모둠으로 모둠별로 맞춤법에 맞지 않도록 교과서의 내용 일부를 적는다. 어휘력을 기르는 데 도움이 되는 놀이다.

놀이 방법

1 네 명을 한 모둠으로 모둠을 나눈다. 각 모둠마다 교과서의 내용 일부를 적는데 네 명이 각자 적을 내용은 다른 사람과 겹치지 않도록 정한다.

2 적을 때 세 군데는 띄어쓰기나 맞춤법에 맞지 않게 적는다. 자기 모둠에서 적은 종이를 모아 다른 모둠과 바꾼다.

3 다른 모둠이 쓴 종이를 한 장씩 나눠보고 맞춤법에 틀리게 적은 곳을 찾아 바르게 고친다. 이때는 교과서를 보지 않고 고쳐야 하며 문제지는 다른 모

둠이 또 사용해야 하므로 문제지에는 표시하지 말고, 다른 종이를 답안지로 활용한다. 내가 고친 종이를 같은 모둠의 모둠원이 돌려가며 확인한다.

4 다 고치면 답안지를 문제를 낸 모둠에게 건네준다. 문제를 낸 모둠은 고친 답안지를 보고 확인한다. 열두 군데 모두 찾아 바르게 고치면 하나에 10점씩 120점을 부여한다.

5 또 다른 모둠과 문제지를 바꾸어 활동을 계속한다. 네 모둠이면 세 번의 활동을 하게 된다.

놀이의 팁 Tip

- 모둠 활동 시 중요한 것은 누구나 다 참여하도록 하는 것이므로 네 명이 각자 적도록 하되 내용은 다른 사람과 겹치지 않도록 하는 것이 좋다. 처음에는 교과서의 내용을 적고, 후에는 자기가 읽은 동화책의 내용을 적도록 하는 것도 좋다.
- 적을 때 세 군데는 띄어쓰기나 맞춤법에 맞지 않게 적는다. 그리고 다른 모둠과 종이를 교환한 후 다른 사람이 틀리게 적은 맞춤법을 찾아 고치면 된다. 내가 틀리게 적은 맞춤법을 다른 사람이 고치는 활동이므로 내가 어렵다고 생각하는 부분을 틀리게 적는 경우가 많다. 이렇게 틀리게 적는 활동으로 올바른 맞춤법을 알아갈 수 있다.

11 내 말 좀 들어봐요

• **관련 단원** 5-1 국어 5단원, 5-2 국어 1단원, 6-1 국어 4단원, 6-2 국어 1단원
• **준비물** 색 카드, 붙임종이

논리적인 말로 상대방을 설득하는 토론 활동이다. 토론 수업을 위해서는 사전에 토론 주제에 관해 충분히 공부해야 하는데 이렇게 공부하는 과정에서 어휘력과 논리력을 향상시킬 수 있다.

01 두 줄 서기 토론

1 책상을 양옆으로 밀고 빈 공간을 만든다. 선생님은 찬성과 반대로 나뉠 수 있는 질문을 던진다. 예를 들어 '새만금 간척사업은 지속되어야 하는가? 우리 고장에 원자력 발전소를 만들어야 하는가? 소고기 수입을 지속해야 하는가? 학생도 뉴스를 꼭 들어야 하는가?' 등이 있다.

2 찬성하는 사람은 선생님의 왼쪽에 한 줄로 서고, 반대하는 사람은 선생님

의 오른쪽에 한 줄로 선다. 이때 찬성하는 사람 중에서 자기의 생각이 절대 바뀔 수 없다고 생각하는 사람은 앞쪽으로 서고 자기 생각이 쉽게 바뀔 수 있다고 생각하는 사람은 뒤쪽으로 선다. 상대적이므로 친구와 이야기를 나누며 적당히 서면 된다. 그리고 반대하는 사람 중에서 자기의 생각이 절대 바뀔 수 없다고 생각하는 사람은 뒤쪽부터 서고 자기 생각이 쉽게 바뀔 수 있다고 생각하는 사람은 앞쪽부터 한 줄로 선다. 그러면 생각이 절대로 변할 수 없다는 사람과 쉽게 생각이 변할 수 있다는 사람과 마주 보게 되고, 가운데는 서로 비슷한 사람과 마주 보게 된다. 찬성하는 사람과 반대하는 사람의 숫자를 센다.

3 마주 보는 사람과 서로 자기의 주장이 옳다는 것을 이야기할 수 있는 시간을 갖는다. 일대일로 이야기하는 것을 원칙으로 하는데 숫자가 맞지 않을 경우에는 세 명 또는 네 명이 모여 이야기할 수 있다. 얼마나 많은 사람들을 설득하여 내 편으로 끌어들이는가에 따라 승패가 갈리기 때문에 약 3분 동안 이유와 근거를 들어가며 자기주장을 말한다.

4 이야기가 끝나면 다시 한 번 더 찬성과 반대로 줄을 세운다. 음악을 듣거나 노래를 하면서 이동하는 것도 좋다. 이때는 자기의 자리를 바꿀 수 있다.

5 얼마나 많은 사람이 자리를 이동했는지 조사하고, 찬성과 반대의 수도 조사한다. 반대하는 사람의 수가 늘었다면 반대하는 사람 쪽이 승리하고, 찬성하는 사람의 수가 늘었다면 찬성하는 사람 쪽이 승리한다.

놀이의 팁 Tip

• 자기의 의견을 말하는 것도 어려운데 자기의 주장을 펼치면서 상대방의

생각을 바꾸게 하는 것은 더욱 어려운 활동이다. 따라서 토론 수업은 평소 경험이 없는 학생들은 참여하기 힘들어한다. 고학년에서는 한 학기에 한두 번 정도의 토론 수업이 필요하다.

- 처음에는 토론하기 좋은 쉬운 주제를 선택하면 효과적이다. (예 : 자가용으로 등교해도 되는가? 자전거 통학이 좋은가? 샤프를 써도 좋은가? 컴퓨터 게임을 해도 좋은가? 등)

02 한 줄 서기 토론

1 두 줄 서기 토론과 같은 방법이다. 주제에 대해 강하게 찬성하는 사람은 맨 앞줄부터 서고, 강하게 반대하는 사람은 맨 뒤부터 선다. 찬성도 반대도 아닌 사람은 가운데 선다.

2 토론할 때는 뒤쪽 사람들은 앞의 사람들과 순서대로 만난다. 즉 맨 뒤의 사람은 맨 앞의 사람과 만나게 된다. 앞줄에는 서로 반대 의견이 강한 사람끼리 토론하게 되고, 가운데 줄에는 서로 생각이 바뀔 수 있는 사람들끼리 만나게 된다.

3 제한된 시간 동안 토론 후 줄서기를 다시 한다. 이때는 줄을 바꿀 수 있다.

4 다음과 같은 내용을 확인할 수 있다. (예 : 생각이 바뀌어 줄을 바꾼 사람은 몇 사람인가? 뒤에 있었는데 앞으로 온 사람은 누구인가? 그리고 그 이유는 무엇인가? 등)

03 카드 토론

1 한 사람이 녹색 카드 한 개, 적색 카드 한 개, 황색 카드 한 개씩 갖고 시작한다.

2 녹색 카드 뒷면에 적색 카드를 붙여 사용할 수 있고, 세 개의 카드를 고리에 묶어 사용할 수 있다.

3 주제에 대해 찬성하는 사람은 녹색 카드가 보이도록 들고 다니고, 반대하는 사람은 적색 카드가 보이도록 들고 다닌다. 찬성도 반대도 아닌 사람은 황색 카드를 선택한다.

4 녹색 카드를 든 사람은 적색 카드를 든 사람이나 황색 카드를 든 사람과 만나 자기주장을 이야기한다. 적색 카드를 든 사람은 녹색 카드를 든 사람이나 황색 카드를 든 사람을 만난다. 황색 카드를 든 사람은 아무나 만나 이야기를 할 수 있다. 누구든 이야기하자고 제안을 받으면 거절할 수 없다. 일대일로 만나 이야기를 나눈다. 그러나 짝이 안 맞아 이야기할 상대를 만나지 못한 사람은 아무 곳에나 끼어서 대화에 참여할 수 있다.

5 제한된 시간 동안 토론 후 자기 자리에 앉아 카드를 다시 든다. 이때는 카드 색깔을 바꿀 수 있다.

6 카드 색깔을 바꾼 사람은 누구이며 왜 바꾸게 됐는지 물어본다.

04 피라미드 토론

1 각 개인에게 붙임종이를 두 장씩 나눠준다.

2 주제에 대한 자기의 의견을 두 가지만 쓰도록 한다. 예를 들어 '우리 학급

의 급훈을 무엇으로 정하면 좋을까?'와 같이 다수의 의견을 모아야 할 필요가 있는 주제가 좋다.

3 짝과 두 명이 의논하여 네 개의 의견 중에서 두 개의 의견만 남기고 두 개는 버린다. 다시 네 명이 만나 두 개의 의견만 남기고 두 개의 의견은 버린다.

4 남길 의견은 다수결로 정한다. 이렇게 여덟 명, 열여섯 명, 서른두 명이 만나 두 개의 의견을 선택한 후 다수결로 마지막 한 개의 의견을 채택한다.

놀이의 팁 Tip

- 발표를 잘하는 몇 명의 의견으로 결정되는 것을 방지하고 모두가 토의에 참여할 수 있다는 장점이 있다.

12 동화 퀴즈

• **관련 단원** 5-1 국어 1단원, 5-2 국어 5단원, 6-1 국어 2단원, 6-2 국어 8단원
• **준비물** A4 종이, 동화책

네 명을 한 모둠으로 두 명이 동화의 내용을 전달하고 두 명이 그 내용을 들은 후 퀴즈를 푸는 활동으로 자세히 잘 전달하고 친구의 이야기를 경청하는 자세를 배울 수 있는 놀이이다.

놀이 방법

1 네 명을 한 모둠으로 모둠 활동을 한다.
2 각 모둠에서 두 명씩 복도로 나와 선생님이 읽어주시는 동화의 일부분을 듣는다. 학생들이 직접 동화를 읽게 해도 좋다.
3 이야기를 들은 두 명은 자기 모둠으로 돌아가 동화의 내용을 나머지 두 명에게 알려준다.
4 선생님이 동화의 내용으로 퀴즈를 내면 이야기의 내용을 들은 두 명이 질문의 답을 종이에 적는다. 이때 선생님에게 동화를 들었던 사람들은 답을 말할 수 없다. 친구들에게 이야기를 전해들은 사람만이 답을 적을 수 있다.
5 역할을 바꾸어 활동을 한 번 더 한다.

놀이의 팁 Tip

• 내가 들은 내용을 다른 사람에게 전달하기 위해서는 집중해서 들어야

한다. 한 사람은 전반부를 듣고, 한 사람은 후반부를 듣는다든지, 한 사람은 사건을 위주로 듣고, 한 사람은 장소의 변화에 대해 집중하며 듣는 등 내용을 전달하는 두 사람에게도 전략이 필요하다.

- 읽어줄 동화는 잘 알려진 내용으로 하면 집중력이 떨어질 수 있으므로 학생들이 잘 알지 못하는 내용으로 선택하는 것이 좋다.

13 책 읽고 문제 내기

• **관련 단원** 5-1 국어 3단원, 5-2 국어 5단원, 6-1 국어 2단원, 6-2 국어 1단원
• **준비물** 붙임종이, 동화책

반 전체가 같은 동화책을 읽고 책 내용으로 문제를 만든 다음 돌아가며 문제를 푸는 활동이다. 자기가 읽은 책의 내용으로 문제를 만들어야 하므로 집중해서 책을 읽지 못하는 학생도 짧은 시간 안에 집중할 수 있다. 집중해서 책을 읽힐 수 있는 좋은 놀이다.

놀이 방법

1 네 명을 한 모둠으로 모둠끼리 돌아가며 같은 책을 읽는다.
2 모둠끼리 책을 다 읽은 후 읽은 책의 내용 중에서 한 사람당 두 개의 문제를 만든다.
3 만든 문제는 붙임종이에 적는다. 여덟 개의 문제가 되니 여덟 장의 붙임종이에 적으면 된다. 만든 붙임종이를 한 사람당 두 장씩 나누어 갖는다.
4 각자 교실을 돌아다니며 다른 모둠의 사람 아무나 만나 가위바위보를 한다. 이기면 진 사람이 제시하는 붙임종이에 있는 문제 한 개를 보고 답을 말한다. 답을 맞히면 진 사람이 갖고 있던 붙임종이를 갖는다. 만약 답을 못 맞히면 그냥 헤어지고 다른 사람을 만난다. 가위바위보에서 지면 내가 갖고 있는 붙임종이 문제 중에서 한 개를 이긴 사람에게 보여주고 답을 말하게 한다. 상대방이 답을 맞히면 그 문제의 붙임종이를 이긴 사람에게 주고 헤어지면 된다. 만약 상대가 문제의 답을 맞히지 못하면 붙임종이를

주지 말고 그냥 헤어진다. 돌아다니다 또다시 만날 수 있다.

5 제한된 시간 동안 제일 많은 붙임종이를 모은 모둠이 우승한다.

놀이의 팁 Tip

- 책을 읽는 방법은 묵상으로 읽기, 한 페이지씩 읽기, 마침표가 나오면 다른 사람이 읽기 등 모둠에서 정하면 된다. 반 전체가 같은 책을 읽어야 하고 읽을 책과 범위는 선생님이 정해준다.
- 문제를 만들 때 같은 모둠 안에서는 겹치는 문제가 없도록 해야 하므로 모둠원끼리 의논을 해도 좋다.
- 일찌감치 붙임종이 두 장을 다 빼앗긴 사람들은 할 일이 없어 장난을 칠 수 있으므로 자기 모둠원에게 붙임종이를 얻어서 계속 놀이에 참여할 수 있도록 하면 좋다.

14 우주여행 후에

• **관련 단원** 5-1 국어 10단원, 5-2 국어 2단원, 6-1 국어 8단원, 6-2 국어 1단원
• **준비물** A4 종이

많은 것이 변해버린 상황 속에서 일어나는 일을 역할극으로 표현해보자. 상상력과 창의력을 기를 수 있는 활동이다.

놀이 방법

1 네 명을 한 모둠으로 모둠별 활동을 한다. 다음과 같은 상황을 제시해준다. "우주여행 중 우주선이 실종되어 지구에서는 우주여행 중이던 모든 사람에게 사망신고가 이루어졌다. 그러나 살아서 돌아와보니 나의 모습은 예전 그대로인데 지구의 시간이 70년이 흘렀다."

2 위의 상황으로 지구에서 일어날 수 있는 일을 역할극으로 표현해보도록

한다. 각 모둠마다 일어날 수 있는 상황을 생각하여 대본을 쓴다. 그리고 역할의 배역을 정한다. 다음은 상상할 수 있는 상황의 예시다.

- 가족에게로 돌아왔는데 가족들이 믿지 않는다, 돌아와보니 내가 죽은 줄 알고 가족들이 나의 장례식을 치렀다, 동창회에서 친구들을 만났는데 친구들은 노인이 되어 있었다, 돌아와 보니 세상이 모두 새로운 기계로 움직이고 있다, 지구의 사람들이 모두 헤드셋을 끼고 다녀 말이 안 통한다, 지구 사람들이 모두 어디로 사라졌는지 보이지 않는다 등.

3 모둠별로 역할극을 한다. 다른 모둠은 역할극을 잘 보고 역할극이 끝난 후 역할극을 한 사람에게 "가족인데 왜 아들을 몰라봤습니까?" 등과 같이 궁금한 것들을 질문한다.

15 다의어 놀이

• **관련 단원** 5-1 국어 5단원, 5-2 국어 8단원, 6-1 국어 7단원, 6-2 국어 2단원
• **준비물** 낱말 카드, 국어사전

우리말에는 두 가지 이상의 뜻을 가진 다의어가 많이 사용된다. 우리 생활에서 같은 낱말이 어떻게 다르게 사용되는가 알아보는 활동이다. 다의어의 뜻과 사용하는 예를 설명하기는 쉽지 않으므로 사전을 찾아가며 조사하고 발표하도록 해보자.

놀이 방법

1 두 가지 이상의 뜻을 가진 낱말 카드를 네 개씩 준비한다. 예를 들어 '얼굴', '먹다', '고치다', '발', '맵다', '오르다' 등과 같이 여러 가지 의미로 사용되는 낱말 카드를 각각 네 개씩 만든다. 낱말 카드는 한 사람이 한 개씩 갖도록 학급 인원수만큼 만든다.

2 낱말 카드를 무작위로 뿌리고, 한 사람이 한 개의 카드를 줍는다.

3 같은 낱말을 갖고 있는 사람끼리 같은 모둠이 되어 모여 앉는다. 예를 들어 '얼굴'이란 카드를 집은 사람들끼리 모여 같은 모둠이 된다.

4 모둠이 선택한 낱말은 우리 생활에서 어떤 문장으로 서로 다르게 사용되는지 모둠별로 그 예를 네 개씩 적는다. 사전을 활용하여 적을 수 있다. 예를 들어 '먹다'라는 단어를 선택한 모둠이라면 '① 비빔밥이 너무 맛있어 많이 먹었습니다. ② 한 번 먹은 마음이니까 변하지 않고 열심히 공부하겠습니다. ③ 언니는 나보다 세 살 더 먹었다. ④ 후반전에 한 골을 더 먹어서 지고 말았다.'와 같이 네 개의 문장을 만들면 된다.

5 문장을 다 만들면 한 모둠씩 나와 자기 모둠이 만든 문장을 하나씩 읽어준다. 그러면 다른 모둠은 그 문장이 무슨 뜻으로 쓰였는지 알아맞힌다. 정확히 알아맞힌 모둠에게 1점씩 부여한다. '먹다'라는 낱말 카드로 문장을 만든 모둠원 중 한 사람이 "비빔밥이 너무 맛있어 많이 먹었습니다."라고 발표를 하면 "음식 등을 입을 통하여 배 속에 들여보내다."라고 발표한 모둠이 점수를 얻게 된다.

6 많은 점수를 획득한 모둠이 우승을 하고 다른 낱말 카드로 활동을 계속한다.

16 문장 짝 찾기

- **관련 단원** 5-1 국어 4단원, 5-2 국어 6단원, 6-1 국어 3단원, 6-2 국어 5단원
- **준비물** 문장 카드

내가 갖고 있는 문장 카드와 다른 사람이 갖고 있는 문장 카드를 비교하면서 주어와 서술어의 호응이 자연스럽게 연결되고, 꾸며주는 말과 꾸밈을 받는 말의 호응이 자연스럽게 이루어지도록 문장을 연결하는 놀이다. 어휘력을 키우는 데 도움이 되는 활동이다.

놀이 방법

1 완성된 하나의 문장을 네 장의 카드에 나눠 쓴다. 예를 들어, '펭귄은 짧은 다리로 뒤뚱뒤뚱 걷지만 눈 위에 배를 미끄러지듯 밀며 이동한다.'라는 문장을 카드 네 장에 나누어 적는다. 첫 번째 카드에 '펭귄은 짧은 다리로', 두 번째 카드에는 '뒤뚱뒤뚱 걷지만', 세 번째 카드에는 '눈 위에 배를 미끄러지듯', 네 번째 카드에는 '밀며 이동한다.'를 적는다.

2 또는 다음과 같은 문장을 네 장의 카드에 나눠 쓸 수 있다. '펭귄은 차가운 물을 / 견딜 수 있게 지방이 많고 / 깃털은 / 방수가 된다.' 또는 '펭귄은 천연 잠수복을 / 입은 것처럼 / 물속에서 / 오래 생활할 수 있다.'

3 반 전체의 인원수만큼 문장 카드를 만든 다음 문장 카드를 골고루 섞는다. 그리고 한 사람씩 나와서 카드 한 장씩 뽑아간다. 그리고 교실을 돌아다니며 내가 갖고 있는 문장 카드와 다른 사람이 갖고 있는 문장 카드를 비교하면서 주어와 서술어의 호응이 자연스럽게 연결되고, 꾸며주는 말과 꾸

밈을 받는 말의 호응이 자연스럽게 이루어지도록 카드를 연결한다. 자연스럽게 연결되는 카드를 갖고 있는 사람끼리 모여 앉아 같은 모둠으로 활동한다.

4 제일 빨리 앉는 모둠부터 높은 점수를 받을 수 있다.

놀이의 팁 Tip

- 네 명씩 모둠을 만들 때 활용해도 좋다. 고학년이 되면 친한 친구들하고만 같은 모둠을 하려고 하는 경향이 있는데 이 활동을 하면 누구를 만날지 알 수 없을 뿐 아니라, 친하지 않은 친구들과도 만나야 문장을 완성할 수 있으므로 골고루 모둠을 정할 때 좋다.

17 상상의 사진 찍기

• **관련 단원** 5-1 국어 1단원, 5-2 국어 8단원, 6-1 국어 9단원, 6-2 국어 1단원

상상의 사진을 찍고 친구와 이야기하는 놀이다. 지난 방학 동안 경험한 일을 이야기하라고 하면 '친척집에 한 번 갔다 오고 그냥 집에서 있었어요.'와 같이 한 문장으로 간단히 말하는 학생들이 있다. 그런가 하면 말하기 싫어하는 학생도 있고, 육하원칙에 맞게 말을 잘 이어가고 싶지만 방법을 모르는 학생들이 있다. 그런데 이 활동을 하다 보면 자연스럽게 이야기를 끄집어낼 수 있으며 경험을 바탕으로 상상력을 키울 수 있다.

놀이 방법

1 교실의 전등을 끄고 조용한 음악을 틀어 안정되고 차분한 분위기를 만든다.

2 친구와 마주 보고 앉는다. 손을 가슴 높이로 올리고 양손바닥을 펴서 친구와 손을 맞대고 조용히 눈을 감는다.

3 지난 방학 동안 어디서 누구와 무슨 일을 했는지 상상하게 한다. 그리고 사진으로 남기고 싶은 장면을 떠올린 후 사진을 찍는다. (예 : 조용히 상상해 봅시다. 우리는 지금 여름방학을 보내고 있습니다. 지금 여러분은 어디에 있나요? 여러분은 누구와 같이 있나요? 시간은 몇 시쯤인가요? 여러분은 어떤 옷을 입고 있나요? 손에 무엇을 갖고 있나요? 무엇이 보이나요? 사진으로 남기고 싶은 포즈를 취해보고 하나 둘 셋 하면 그 장면을 사진 찍어보겠습니다. 하나 둘 셋!)

4 어떤 사진을 찍었는지 친구와 이야기를 나눈다.

5 몇 번 반복하면서 짝과 같은 모습을 찍은 팀을 찾는다.

6 상상으로 찍은 사진을 그림으로 표현해본다.

18 이야기 주제 정하기

• **관련 단원** 5-1 국어 6단원, 5-2 국어 2단원, 6-1 국어 4단원, 6-2 국어 5단원

이야기 주제는 흥미를 끌 수 있고 다양한 의견이 나올 수 있는 것으로 정하는 것이 좋은데 학생들이 스스로 주제를 정해서 토론할 수 있도록 해보자. 토론 주제는 일반적으로 사람들이 생각하는 반대의 생각을 주제로 정해본다. 반대의 생각을 할 때 더 다양한 의견이 나올 수 있다. 논리력과 사고력을 기르는 데 도움이 되는 활동이다.

놀이 방법

1 네 명을 한 모둠으로 하고 모둠별로 책상을 붙여 앉아 활동한다.

2 모둠이 모여 이야기 주제를 정하고 토론을 한다. 주제는 일반적으로 사람들이 생각하는 반대의 생각을 주제로 정한다. 반대의 생각을 할 때 더 다양한 의견이 나올 수 있다. 예를 들어 스마트폰이 우리들의 생활을 편하게 해주는 기계라는 것을 의심하는 사람이 없지만 '스마트폰은 인류의 적이다'라는 주제를 정해보면 다양한 의견이 나올 수 있게 된다. 놀부는 나쁜 사람으로 그리고 흥부는 착한 사람으로 묘사되고 있는데 이를 반대로 생각하여 '흥부는 나쁜 사람'이라는 주장으로 이야기를 시작해보자. 또한 토끼와 거북이가 달리기 경주를 했다. 토끼는 거북이와 경주하면 이길 것을 알고 있었기 때문에 거북이와 달리기 경주를 하자고 했다. 그런데 경기에서 거북이가 이겼다. 어떻게 이겼을까? 토끼가 잠을 자서 이겼다는 것 말고 다른 이유를 모둠별로 꾸며보자. 다양한 의견이 나올 수 있을 것이다.

3 나온 이야기를 간단히 그림이나 역할극으로도 표현해보자. 다른 모둠이 생각지 못한 참신한 아이디어를 낸 모둠을 골라본다.

19 문장 만들기

• **관련 단원** 5-1 국어 4단원, 5-2 국어 2단원, 6-1 국어 9단원, 6-2 국어 5단원
• **준비물** A4 종이

앞 문장을 보고 완성된 문장을 만드는 활동이다. 문장을 완성할 때는 자음의 순서대로 들어가도록 만든다. 모둠 활동으로 문장력이 뒤처진 학생도 열심히 참여할 수 있는 놀이다.

놀이 방법

1 네 명을 한 모둠으로 하고 모둠별로 책상을 붙여 앉는다.

2 문장의 처음 시작하는 단어를 보고 모둠이 의논하여 뒤의 문장을 완성하도록 한다. 뒤의 문장을 완성할 때는 자음자 기역부터 순서대로 들어가도록 문장을 만든다. 예를 들어 선생님이 첫 단어를 '세계여행'이란 단어를 제시했다면 모둠에서는 '세계여행을 (가)고 싶은 나라는 유럽이다. 세계여행으로 (나)는 아프리카부터 떠났다. 세계여행은 (다)른 나라의 풍습과 문화재를 공부할 수 있어 좋다.'와 같이 자음이 순서대로 들어가도록 완성한다. 노는 학생 없이 모든 학생들이 다 참여할 수 있도록 한 사람이 서너 개의 문장을 완성하도록 한다.

3 완성한 문장을 발표하고 제일 자연스러운 문장을 만든 모둠을 칭찬한다.

20 왜냐하면, 그래서

• **관련 단원** 5-1 국어 7단원, 5-2 국어 6단원, 6-1 국어 4단원, 6-2 국어 3단원

세 사람이 짝을 지어 문장을 만들어가는 활동이다. 첫 번째 사람이 주어와 동사가 포함된 문장을 말하면 두 번째 사람은 앞에서 말한 친구의 말을 듣고 그 말에 대한 원인을 말한다. 세 번째 사람은 두 번째 사람이 말한 원인으로 발생한 결과를 말하는 놀이로 원인과 결과가 잘 어울리도록 문장을 만든다. 문장력과 어휘력을 기르는 데 도움이 되는 활동이다.

놀이 방법

1 전체가 둥글게 원형으로 앉는다. 선생님에게 지적당하는 사람이 주어와 동사가 포함된 문장을 하나 말한다. 오른쪽 옆에 앉은 사람은 왼쪽에 앉은 사람이 말한 행동의 원인이 되는 문장을 '왜냐하면'이란 단어를 넣어 말

한다. 그리고 그 옆에 앉은 사람은 왼쪽에 앉은 사람이 말한 원인으로 또 다른 결과를 낳은 문장을 '그래서'라는 단어를 넣어 말한다. 예를 들어, 첫 번째 사람이 "나는 지각을 했습니다."라는 말을 했다면, 두 번째 사람은 "왜냐하면 어제 저녁에 밤늦게까지 게임을 했기 때문입니다."라고 말한다. 그리고 그 옆에 앉은 세 번째 사람은 "그래서 즐거운 체육 시간에 참여하지 못했습니다."라고 말하면 된다.

2 그 옆에 앉은 사람이 다시 처음부터 시작하여 세 명이 한 조가 되어 문장을 만들어간다.

3 원인과 결과가 가장 잘 어울리게 말한 조를 선정하여 칭찬한다.

21 자연스러운 문장 만들기

- **관련 단원** 5-1 국어 4단원, 5-2 국어 2단원, 6-1 국어 9단원, 6-2 국어 6단원
- **준비물** A4 종이

여러 가지 단어를 보고 단어를 연결하여 자연스러운 문장을 만드는 놀이다. 단어들이 서로 연관성이 없기 때문에 자연스러운 문장을 만들기가 쉽지 않지만 연관성이 없는 단어들을 조합하여 문장을 만드는 노력을 하면 문장력과 어휘력 향상에 많은 도움이 된다.

놀이 방법

1 네 명을 한 모둠으로 하고 모둠 활동을 한다. 모두에게 A4 종이를 한 장씩 나눠준다.

2 각자 A4 종이를 반씩 세 번을 접고, 펼쳐서 여덟 장의 종이 카드가 나오도록 오린다.

3 각자 여덟 장의 종이 카드에 떠오르는 장소를 두 군데 쓰고, 생각나는 사람 두 사람, 생각나는 물건 두 개, 내가 느낀 느낌 두 개를 적는다. 한 장의 카드에 한 개씩 쓴다.

4 네 명이 쓴 카드를 모두 모아 골고루 섞은 다음 글씨가 보이지 않게 하여 책상에 펼쳐놓는다.

5 순서를 정하고 처음 사람부터 카드 네 장을 골라 글씨가 보이게 뒤집는다. 그리고 네 장의 카드에 있는 단어들이 모두 들어가게 하여 자연스러운 문장을 만든다. 다른 사람들은 단어가 다 들어가면서 자연스러운 문장을 만

들었다고 생각하면 'OK' 표시를 해준다. 두 명 이상에게 OK를 받았다면 말한 사람은 그 네 장의 카드를 갖는다. 두 명 이상에게 OK 표시를 받지 못했다면 글씨가 보이지 않게 하여 다시 카드를 엎어놓는다. 다음 차례 사람이 카드 네 장을 뒤집고 문장을 만든다.

6 제일 많은 카드를 가진 사람이 승리한다. 다른 친구들과 새로운 모둠을 만들고 다시 활동한다.

22 동의어 찾기

• **관련 단원** 5-1 국어 5단원, 5-2 국어 4단원, 6-1 국어 7단원, 6-2 국어 3단원
• **준비물** A4 종이, 국어사전

여러 가지 단어를 보고 의미가 같은 단어를 찾아내는 활동이다. 사전을 찾아보며 동의어 문제를 만들고, 여러 장의 카드를 섞은 다음에 단어의 동의어를 찾아야 하는데 문제를 출제하면서 배우는 놀이다.

놀이 방법

1 네 명을 한 모둠으로 모둠별로 활동을 한다. 각자에게 A4 종이 한 장씩 나눠준다. 각자 A4 종이를 4등분으로 잘라 네 장의 카드를 만든다.

2 사전을 찾아가며 네 장의 카드에 같은 의미를 나타내는 단어를 각각 한 개씩, 네 개의 단어를 적는다. 다 적었으면 친구가 어떤 단어를 적었는지 서로 돌려본다.

3 모둠원 네 명이 적은 카드를 모두 골고루 섞는다. 섞은 카드를 글씨가 보이지 않게 가운데에 엎어놓고, 한 사람이 네 장의 카드를 골라 갖는다.

4 같은 의미의 단어를 네 장 모아야 하는데 고른 카드를 보고 어떤 단어를 모을지 생각한다. 모둠원 전체가 "하나, 둘, 셋!" 하면서 필요 없는 카드를 글씨가 보이지 않게 바닥에 내려놓고, 아무 카드나 한 장 갖고 온다. 동의어 카드 네 장이 모일 때까지 내려놓고 가져오기를 반복한다. 동의어 카드 네 장을 제일 먼저 모은 사람부터 1등을 하게 된다. 모둠원이 모두 성공할 때까지 계속한다.

5 친구와 같은 단어를 모으게 되면 내가 원하는 카드는 나오지 않게 된다. 이때는 모을 단어를 빨리 바꿀 수 있다.

23 참과 거짓

• **관련 단원** 5-1 국어 7단원, 5-2 국어 4단원, 6-1 국어 6단원, 6-2 국어 3단원
• **준비물** A4 종이

기행문을 작성하려면 여행지에서 겪은 일과 느끼고 생각한 것들을 차례대로 정리할 필요가 있다. 내가 경험한 것 중에서 세 가지는 사실을 적고, 한 가지는 거짓을 적으면 다른 친구들이 거짓을 골라내는 활동이다. 참과 거짓을 추리하기 위해 몇 가지의 질문을 하는 활동을 하면서 추리력과 창의력을 기르는 데 도움이 된다.

놀이 방법

1 네 명을 한 모둠으로 모둠별 활동을 한다.

2 각자에게 A4 종이 한 장씩 나눠준다. 그리고 여행지에서 겪은 일을 각자 네 개씩 적는데 세 개는 사실을 적고, 한 개는 거짓을 적는다.

3 순서를 정해서 한 사람이 자기가 겪은 일을 발표하면 나머지 세 사람은 발표 내용 중에서 거짓을 골라낸다. 거짓을 찾아내기 위해서 몇 가지 질문을 한다.

4 질문하는 과정에서 원인과 결과가 맞지 않거나, 위치, 환경, 상황에 맞지 않는 것을 추리해가며 찾아낸다. 거짓을 찾아낸 사람은 1점을 획득하고, 아무도 거짓을 찾아내지 못하면 문제를 낸 사람이 1점을 획득하게 된다.

5 순서대로 돌아가며 문제를 내고 제한된 시간이 지난 후 점수를 제일 많이 획득한 사람이 우승한다.

24 표 빼앗기

- **관련 단원** 5-1 국어 5단원, 5-2 국어 6단원, 6-1 국어 4단원, 6-2 국어 3단원
- **준비물** 초록색, 노란색, 빨간색 붙임종이

주장하는 글쓰기, 주장과 근거 판단하기, 타당한 근거로 글쓰기, 타당성을 생각하며 토론하기 등은 고학년 국어 교과에서 빠지지 않는 학습 내용이다. 그만큼 토론 학습이 중요하지만 학생들이 제일 어려워하는 단원 중의 하나다. 놀이 형식의 토론 학습은 토론에 좀 더 쉽게 접근할 수 있도록 도와주고 논리력과 사고력을 기르는 데 도움을 준다.

놀이 방법

1 토론 주제를 하나 정한다. 토론 주제는 예를 들어 '학예회를 꼭 해야 하나?', '교실에서 스마트폰을 사용해도 좋은가?' 등과 같이 학생들의 관심을

끌 수 있고, 열띤 토론을 할 수 있는 내용으로 정하는 것이 좋다. 그리고 반 전체를 세 팀으로 나눈다. 팀을 나눌 때는 토론 주제에 따라 자기의 주장에 맞는 팀으로 나누는 것이 좋다. 주제에 강하게 찬성하는 사람은 초록색 팀으로, 주제에 강하게 반대하는 사람은 빨간색 팀으로, 주장도 반대도 안 하는 사람은 노란색 팀으로 정한다. 각 팀의 인원은 비슷하게 정해주는 것이 좋다. 각 팀은 팀 색깔의 종이를 가슴에 붙인다.

2 신호가 울리면 초록색 사람과 빨간색 사람이 만나서 교실 적당한 곳에 서서 자기의 주장을 펼친다. 노란색 붙임종이를 붙인 두 사람은 초록색 사람과 빨간색 사람이 의견을 나누는 사이에 서서 한 사람만 독단적으로 이야기하지 않도록 중재한다. 그리고 둘의 이야기를 잘 귀담아듣고 적당한 시기에 승패를 가려준다. 초록색 사람이 이기면 상대방의 빨간색 붙임종이를 떼어서 갖고, 빨간색 사람이 이기면 상대방의 초록색 붙임종이를 떼어서 갖는다. 붙임종이를 빼앗은 사람은 또 다른 사람을 만나 열띤 토론을 계속하고 붙임종이를 빼앗긴 사람은 자기 자리에 앉아 게임이 종료될 때까지 기다린다. 토론을 하는 한 팀에 노란색 붙임종이를 붙인 사람은 두 명으로 제한하지 않고 상황에 따라 세 명 이상의 사람이 모여 판정해줘도 된다.

3 제한된 시간이 지난 후 붙임종이를 많이 빼앗은 팀이 승리한다.

4 토론 주제와 역할을 바꾸어 다시 활동한다.

25 몸으로 말해요

• **관련 단원** 5-1 국어 10단원, 5-2 국어 8단원, 6-1 국어 5단원, 6-2 국어 2단원

속담을 맞히는 놀이는 누구나 재미있어 하고 좋아하는 놀이 중의 하나다. 그러나 속담을 표현하는 게 쉽지는 않다. 특히 말없이 몸으로 속담을 표현하는 활동은 더욱 힘들다. 말없이 몸으로 표현하는 활동은 창의력과 발표력, 표현력이 요구되는 활동이므로 학생들에게 좋은 학습이 된다. 한 줄로 서서 한 사람이 한 사람에게 몸으로 전달하는 방법과 한 사람의 표현을 보고 여러 사람이 맞히는 방법도 있다. 학급의 능력에 맞게 활동하도록 한다.

놀이 방법

1 여섯 명을 한 모둠으로 모둠별 활동을 한다. 모둠의 순서를 정하고 처음 모둠부터 시작한다.

2 모둠에서 표현을 제일 잘하는 한 사람을 뽑아 표현하는 역할을 하게 하고, 모둠의 나머지 사람들은 그 표현을 보고 속담을 맞히는 활동을 한다. 표현할 때는 말없이 몸으로만 표현해야 한다.

3 신호가 울리면 3분 동안 선생님이 제시하는 속담을 몸으로 표현하고 맞힐 때마다 1점을 획득한다.

4 경우에 따라서 표현하는 사람을 한 사람으로 지정하지 말고, 모둠원이 순서대로 돌아가면서 표현하게 하는 것도 좋다.

놀이의 팁 Tip

- 여섯 명이 등을 보면서 한 줄로 선 다음에 맨 뒷사람부터 앞사람에게 몸으로 표현하며 전달하면 맨 앞사람이 속담을 맞히는 활동을 할 수 있다.

26 연상되는 단어 쓰기

- **관련 단원** 5-1 국어 1단원, 5-2 국어 4단원, 6-1 국어 7단원, 6-2 국어 1단원
- **준비물** 붙임종이, 별 스티커, 그림 작품

나와 같은 생각을 하고 있는 사람을 만나면 왠지 친근감이 든다. 나의 마음을 이해해줄 수 있을 것 같고, 뭔가 대화도 잘 통할 것 같은 느낌이 들어 거부감 없이 쉽게 친해질 수 있게 된다. 이 놀이는 연상되는 단어 쓰기를 통해 같은 생각을 하고 있는 친구를 찾아보는 활동이다. 어휘력 향상과 친교 활동에 도움이 된다.

놀이 방법

1 각자 모두에게 붙임종이를 나눠준다.

2 그림 작품을 하나 감상하고 주인공이 느꼈을 감정을 생각해보도록 한다.

3 내가 우울할 때 가장 생각나는 것은 무엇인지 붙임종이에 한 가지만 쓰게 한다. 그리고 칠판에 붙이도록 한다. 왼쪽에서부터 오른쪽으로 붙여나간다. 친구들이 붙인 붙임종이 중에서 내가 쓴 것과 같거나 비슷한 것이 있으면 그 종이 밑에 붙인다. 제일 많은 종이가 붙어 있는 것은 같은 생각을 하는 사람이 많다는 뜻이므로 각각의 붙임종이에 별 모양의 공감 스티커를 하나씩 붙여준다.

4 화가 날 때, 짜증날 때, 피곤할 때, 행복할 때, 두려울 때 등과 같은 내용으로 몇 번의 활동을 더 해보고 공감 스티커를 제일 많이 받은 사람에게 공감 상품을 시상한다. 그리고 나와 같거나 비슷한 것을 쓴 사람이 누구인지

확인해본다.

5 왜 이걸 썼는지 발표하고 싶은 사람이 있으면 발표하도록 한다. 주인공은 우울함을 느꼈을 때 무엇을 생각하고 어떤 행동을 했는지 발표해본다.

27 우리말 나들이

• **관련 단원** 5-1 국어 8단원, 5-2 국어 8단원, 6-1 국어 7단원
• **준비물** 붙임종이(파란색, 노란색, 빨간색), 별 스티커

신조어, 은어, 비어, 속어, 외래어 등을 아름다운 우리말로 바꾸는 활동이다. 가장 아름다운 우리말로 바꾼 말에 스티커를 붙여주는 활동을 하면서 우리말을 아끼고 사랑하는 마음을 갖게 하는 수업 놀이다.

놀이 방법

1 네 명을 한 모둠으로 하여 책상을 붙인다. 여러 가지 색 붙임종이를 책상 가운데에 올려놓는다.

2 한 사람씩 돌아가면서 파란색 붙임종이를 반으로 접고 펴서 위쪽에는 생각나는 신조어를 적는다. 노란색 붙임종이 위쪽에는 은어와 비어 또는 속

어를 적고, 빨간색 붙임종이 위쪽에는 외래어로 된 영화 제목이나, 가수 이름, 노래 제목, 상표, 상품 이름, 간판 이름, 음식 이름, 메뉴판 등을 적는다. 그리고 붙임종이를 옆 사람에게 한 장씩 돌리면서 적힌 단어를 아름다운 우리말로 바꿔서 그 글 밑에 적도록 한다.

3 전부 돌아가며 적은 후, 옆 모둠과 우리 모둠의 붙임종이를 모두 교환한다. 옆 모둠이 바꾼 우리말 중에서 가장 아름답다고 생각하는 우리말에 별 스티커를 붙여준다. 별 스티커가 제일 많이 붙은 말을 쓴 사람에게 상품을 준다.

'생활에서 잘 쓰지도 않는 수학을 왜 배우는지 모르겠다.'고
투덜대는 학생이 가끔 있습니다. 아마도 어려운 공식을 외우거나
사고력을 요구하는 수학 문제가 힘들게 느껴지는 학생일지도 모르겠습니다.
수학은 오랜 역사에 걸쳐 발전하며 인류와 함께한 학문입니다.
우리 생활에 없어서는 안 될 학문이라는 것을 어른이 되면 알게 되겠지만
학생들에게는 와 닿지 않는 것이 당연합니다.
고학년 수학은 약수와 배수, 분수의 사칙연산, 도형의 넓이를 구하는 등
점점 복잡해지고 그 범위도 넓어집니다.
그러므로 선생님은 늘 '어떻게 하면 어려운 수학을 쉽게 접근할 수 있을까?'를 고민해야 합니다.
학생들이 친근하게 수학에 다가갈 수 있도록
어려운 수학의 개념을 자연스럽게 익힐 수 있는 놀이를 모았습니다.

Part 2
수학 수업 놀이

단원별 놀이 찾아보기

5-1 수학

5-2 수학

6-1 수학

1단원 05 분수 카드 내려놓기 | 06 크다 작다 분수 놀이 | 07 한 줄 서기 분수 놀이 | 13 이쑤시개 이동하며 수 만들기 | 16 일치하는 답 찾기 | 17 같은 카드 모으기

2단원 03 물물교관으로 미션 수행

3단원 11 문제 카드 모으기 | 12 손가락 덧셈 | 14 빙고 완성하기 | 15 열 고개 넘기 | 12 손가락 덧셈

4단원 02 바둑알 눈치 게임

6단원 18 땅따먹기

6-2 수학

1단원 01 숫자 야구 게임 | 05 분수 카드 내려놓기 | 06 크다 작다 분수 놀이 | 07 한 줄 서기 분수 놀이 | 13 이쑤시개 이동하며 수 만들기 | 16 일치하는 답 찾기 | 17 같은 카드 모으기

2단원 02 바둑알 눈치 게임 | 10 소수 곱셈 놀이 | 11 문제 카드 모으기 | 12 손가락 덧셈 | 14 빙고 완성하기 | 15 열 고개 넘기

3단원 08 선대칭 색종이 접기 | 09 선대칭도형 찾기

4단원 04 배수, 약수 내려놓기

01 숫자 야구 게임

• **관련 단원** 5-1 수학 3단원, 5-2 수학 1단원, 6-2 수학 1단원
• **준비물** A4 종이

친구가 생각한 비밀번호를 알아내는 놀이다. 나온 숫자를 추리하며 안 나온 숫자를 찾아내는 놀이로 머리를 써야 하는 활동이다. 협력 활동이므로 개인별 활동보다는 모둠별 활동이 더 효과적이다.

놀이방법

1 네 명을 한 모둠으로 정하고 모둠끼리 활동을 한다.

2 타자 세 명을 정하고, 투수를 한 명 정한다. 투수는 0부터 9까지의 수 중에서 세 개의 수를 생각하고, 친구들이 보지 못하게 적어놓는다. 그리고 친구들에게 생각했다고 알린다. 세 개의 수는 서로 다른 수로 겹치지 않게 해야 한다. 즉 같은 수가 두 번 들어가면 안 된다.

3 타자는 1, 2, 3 순번을 정한다. 타자 1번부터 아무 수나 세 개의 수를 말한다. 투수는 타자가 말한 수와 본인이 적은 수와 비교하여 자리와 숫자가 모두 맞을 경우 S(Strike), 자리는 틀리지만 그 숫자가 있을 경우 B(Ball), 숫자가 없는 경우 O(Out)을 체크해준다.

4 예를 들어 숨겨진 번호가 '153'인데 타자가 "137"이라고 말했다면 1의 수는 백의 자리로 자릿수와 숫자가 일치하므로 한 개의 스트라이크다. 그리고 3의 수는 있지만 십의 자릿수가 아니라 일의 자릿수이므로 한 개의 볼이 된다. 그리고 7은 어느 자리에도 없으므로 한 개의 아웃이 된다. 그러므로 투수는 "1S 1B 1O"이라고 말한다. 타자가 "146"이라고 말했다면 "1S 2O", 타자가 "304"라고 말했다면 "1B 2O", 타자가 "789"라고 말했다면 "3O", 타자가 "315"라고 말했다면 "3B"이라고 말한다.

5 타자 1번이 번호를 말하면 이어서 타자 2번, 타자 3번이 순서대로 아무 수나 말한다. 타자 3번까지 한 번씩 수를 말했다면 타자 1번부터 다시 말한다. 자기의 순서가 아니면 말할 수 없다. 이렇게 모두 세 명의 타자가 각각 세 번씩 총 아홉 번까지 수를 말할 수 있다.

6 아홉 번까지 말하기 전에 투수가 생각한 수를 맞히면 홈런이 되어 맞힌 타자는 1점을 얻고 게임을 끝낸다. 투수를 다시 정한 후 새로운 게임을 시작한다. 그러나 아홉 번을 말할 때까지 투수가 생각한 수를 알아내지 못하면 투수가 1점을 획득한다. 그리고 투수를 다시 정한 후 새로운 게임을 시작한다.

놀이의 팁 Tip

- 개인별 게임을 하면 잘 맞히는 학생은 계속 잘 맞히게 되고, 못 맞히는 학

생은 계속 못 맞히게 된다. 그러나 모둠으로 활동하게 되면 잘 맞히는 학생이 이유를 말하며 추리해나갈 때 못 맞히는 학생도 옆에서 그 방법을 터득하게 되어 점차 향상되게 된다.

- 타자끼리 서로 말을 하지 못하게 하면 타자 개인별 게임이 되지만 타자끼리 서로 의논할 수 있게 하면 타자 단체와 투수 한 명의 대결이 되고, 타자는 더 쉽게 알아낼 수 있게 된다.
- 놀이에 익숙해져서 세 자릿수를 쉽게 알아낼 수 있다면 비밀번호를 네 자릿수로 할 수 있다.
- 한 모둠이 투수가 되어 문제를 내고 다른 모둠이 타자가 되어 맞히는 모둠별 게임을 해도 좋다.

02 바둑알 눈치 게임

- **관련 단원** 5-1 수학 3단원, 5-2 수학 1단원, 6-1 수학 4단원, 6-2 수학 2단원
- **준비물** 바둑알

마지막 바둑알을 가져가면 지는 놀이로 규칙성 공부에 활용하면 좋다. 규칙성은 수학 교과에서 빠지지 않는 개념이다. 주어진 상황을 관찰하며 규칙성이 있는지 찾아가는 과정은 수학적인 개념, 원리, 법칙의 학습에서 관찰과 추측이 어떤 역할을 하는지 이해하게 한다. 이 게임은 우연히 이기게 되는 게임이 아니다. 아무 생각없이 하면 계속 지게 되고 생각을 하면 계속 이기게 되는 게임이다. 추리력과 사고력을 기르는 데 도움이 되는 활동이다.

놀이방법

1 둘이 짝 활동을 한다. 바둑알 삼십 개를 준비한다.

2 가위바위보로 이긴 사람부터 번갈아가며 바둑알을 한 개 또는 두 개 또는 세 개를 가져간다. 하나도 안 가져가면 안 되고 네 개 이상 가져가도 안 된다.

3 맨 마지막의 바둑알을 가져가는 사람이 진다.

4 먼저 하는 순서를 바꾸어 다시 해본다. 규칙성을 모르면 운 좋게 이겼다고 생각하는데 절대 그렇지 않다. 네 개씩 규칙적으로 빠지게 된다는 것을 알면 이기는 방법도 알게 된다.

놀이의 팁 Tip

- 삼십 개의 바둑알을 네 개씩 묶어놓으면 일곱 묶음이 나오고 두 개의 낱개가 나온다. 그러므로 처음 시작하는 사람이 한 개를 먼저 가져간 다음 네 개씩 규칙적으로 빼내면 마지막 한 개가 남는데 마지막 한 개는 상대방이 가져가게 된다. 따라서 처음 시작하는 사람이 한 개를 먼저 가져가면 이긴다. 나중에 하더라도 처음 한 개의 수를 뺀 것에서 4의 배수로 빼내 가면 이기게 되어 있다. 그러나 이기는 방법을 학생들에게 알려주면 안 된다. 반복되는 과정 속에서 스스로 터득하게 해야 한다.
- 수준에 맞게 바둑알의 수를 40부터 60까지 늘려가며 할 수 있다. 가져갈 수 있는 바둑알의 수도 네 개 또는 다섯 개까지 가져갈 수 있도록 규칙을 바꿀 수 있다.

03 물물교환으로 미션 수행

- **관련 단원** 5-1 수학 6단원, 6-1 수학 2단원, 5-1 사회 1단원, 6-2 사회 1단원
- **준비물** 가위 두 개, A4 종이 여섯 장, 30cm 자, 연필 두 개, 컴파스 두 개를 모둠 수 만큼 준비

주어진 자원이 한정되어 있어 물물교환을 통해 주어진 과제를 수행하는 능력을 키우는 놀이로 수학과 사회 교과의 융합 교육이다. 어떤 모둠에는 가위만 주고, 어떤 모둠에는 종이만 준다. 그리고 정해진 도형을 그리는 과제를 주면 우리 모둠에서 갖고 있는 재료만으로는 과제를 수행할 수 없게 된다. 따라서 다른 모둠과 협상하며 물건을 교환하게 되는데 이때 무역이라는 것을 익히게 되고, 도형을 그려가면서 도형의 구성요소와 성질을 알게 되는 활동이다.

놀이방법

1 네 명을 한 모둠으로 모둠별 활동을 한다.

2 각 모둠에서 수행해야 할 미션을 칠판에 적는다.

미션 1 - 지름이 10cm인 원 두 개 만들기

미션 2 - 가로가 10cm이고 세로가 8cm인 직사각형 두 개 만들기

미션 3 - 윗변이 10cm이고 아랫변이 4cm며 높이가 8cm인 사다리꼴 두 개 만들기

미션 4 - 한 변이 7cm인 정삼각형 두 개 만들기

미션 5 - 한 변이 8cm인 정사각형 두 개 만들기

3 각 모둠에 필요한 재료로 가위 두 개, A4 종이 여섯 장, 30cm 자 두 개, 연

필 두 개, 컴퍼스 두 개를 모둠의 수만큼 준비한다. 각 모둠에 물건을 나눠 줄 때는 한두 가지 물품만 나눠준다. 예를 들어 모둠 1에는 가위만 주고, 모둠 2에는 종이만 준다. 나머지 물건은 다른 모둠과 물물 교환하여 사용하도록 한다.

4 모둠에서 모든 도형을 다 만들어야 제출하는 것이 아니라 만들어지는 대로 선생님께 제출하면 된다. 즉 같은 도형 두 개씩 완성하면 완성하는 대로 선생님께 제출한다. 반드시 같은 도형 두 개가 완성돼야 제출할 수 있다. 선생님께서는 각 도형마다 제일 먼저 가져온 모둠에게는 스티커 다섯 장을 준다. 순서대로 한 장씩 감하여 두 번째로 가져오는 모둠에게는 스티커 네 장을 준다. 도형이 정확하지 않으면 다시 수행하도록 한다.

04 배수, 약수 내려놓기

• **관련 단원** 5-1 수학 2단원, 5-2 수학 1단원, 6-2 수학 4단원
• **준비물** 수 카드

주어진 수의 배수나 약수를 내려놓는 카드놀이로 수는 학급의 수준에 맞게 선택하면 된다. 모둠별로 활동하고 모둠에서 학습 능력이 뛰어난 학생을 술래로 정하여 게임의 진행을 돕게 할 수 있고, 술래 없이 모든 학생이 참여하게 할 수 있다.

놀이방법

1 각 개인에게 A4 종이를 한 장씩 나눠준 다음 네 명을 한 모둠으로 하여 모둠별로 모인다. 인원이 맞아 떨어지지 않으면 세 명이나 다섯 명을 한 모둠으로 만들 수 있다.

2 각자 A4 종이를 세 번 접고 편 다음 여덟 조각으로 오린다. 네 명이 모인

모둠에서는 각자 오린 종이를 모두 모으면 서른두 장의 카드가 된다. 종이 카드에 2부터 33까지의 수를 쓴다. 카드를 골고루 잘 섞은 다음 일곱 장씩 나누어 갖는다. 나머지 종이 카드는 가운데 쌓아 숫자가 보이지 않게 엎어 놓는다.

3 가위바위보로 술래를 정하고 술래는 가운데 카드의 맨 위 종이를 숫자가 보이게 뒤집는다. 누구든 뒤집은 숫자의 배수나 약수를 갖고 있으면 그 카드를 바닥에 내려놓는다. 술래도 카드를 갖고 있으므로 카드를 내려놓을 수 있다. 9의 수가 가운데 뒤집혀 있는데 내가 3의 수를 갖고 있다면 "약수 3"이라고 말하면서 내려놓으면 되고, 내가 18의 수를 갖고 있다면 "배수 18"이라고 말하면서 내려놓으면 된다. 만약 내가 3의 수도 갖고 있고 18의 수도 갖고 있으면 둘 다 내려놓으면 된다.

4 더 이상 내려놓을 카드가 없으면 술래는 다음 카드를 숫자가 보이게 뒤집고 활동을 계속한다.

5 제일 먼저 카드를 다 내려놓는 사람이 우승을 하고 다음 게임에 술래 역할을 한다. 술래는 게임에 참여하지 않고 게임의 진행을 돕는 활동만 할 수 있고, 같이 게임에 참여할 수 있다.

놀이의 팁 Tip

- 카드에 쓰는 숫자는 모둠마다 다르게 쓰게 하면 좋다. 한 번 게임이 끝나면 다른 수 카드를 갖고 활동하는 것이 좋으므로 다른 모둠의 카드와 바꾸어 활동할 수 있기 때문이다.

05 분수 카드 내려놓기

• **관련 단원** 5-1 수학 5단원, 5-2 수학 2단원, 6-1 수학 1단원, 6-2 수학 1단원
• **준비물** 분수 카드

술래가 말하는 분수를 내려놓는 사람이 카드를 획득하는 놀이로 분수의 크기를 비교하는 활동이다. 대부분의 학생들이 분모가 같은 분수의 크기를 비교하는 것은 쉽게 생각하지만 분모가 다른 분수의 크기를 비교하는 것은 어려워한다. 그러므로 놀이를 하면서 비교하게 하면 분수의 개념을 이해하는 데 많은 도움이 된다.

놀이방법

1 각 개인에게 A4 종이 한 장씩 나눠준 다음 네 명을 한 모둠으로 하여 모둠별로 모인다. 인원이 맞아 떨어지지 않으면 세 명이나 다섯 명을 한 모둠으로 만들 수 있다.

2 각자 A4 종이를 세 번 접고 편 다음 여덟 조각으로 오린다. 각 종이에 선생님이 쓰라고 하는 분수를 쓴다. 선생님은 학급 수준에 맞게 분모가 같은 분수를 쓰거나 분모가 다른 분수를 쓰도록 하면 된다. 분모가 16이며 크기가 다른 분수를 여덟 개 써도 되고, 분모가 32이며 크기가 다른 분수 여덟 개를 써도 된다. 또는 분모가 4이거나 6이며 크기가 다른 분수 여덟 개를 쓸 수 있다.

3 모둠별로 써야 할 분수를 정해줄 수도 있다. 모둠 1은 분모가 16인 분수를 쓰고, 모둠 2는 분모가 8인 분수를 쓰고, 모둠 3은 분모가 4와 6인 분수를

쓰고, 모둠 4는 분모가 5와 7인 분수를 쓸 수 있다. 이렇게 모둠마다 다양한 분수를 쓰도록 하면 모둠끼리 카드를 바꾸어가며 활동할 수 있어 좋다.

4 네 명이 모인 모둠에서는 각자 쓴 종이를 모두 모으면 서른두 장의 분수 카드가 된다. 서른두 장의 분수 카드를 골고루 잘 섞은 다음 한 사람이 여덟 장씩 나눠 갖는다. 가위바위보로 순서를 정하고 첫 번째 사람부터 '제일 큰 수 내려놓기, 제일 작은 수 내려놓기, 두 번째로 큰 수 내려놓기, 세 번째로 큰 수 내려놓기' 중에서 하나를 선택하여 기준을 말한다. 그리고 네 명이 동시에 한 장의 카드를 분수가 보이게 하여 바닥에 내려놓는다. 바닥에 내려놓은 카드 중에서 말한 조건에 일치하는 카드를 내려놓은 사람이 내려놓은 카드 네 장을 모두 갖는다.

5 예를 들어 첫 번째 사람이 "제일 큰 수 내려놓기"라고 말했다면 각자 내려놓은 네 장의 분수를 비교해서 제일 큰 수를 내려놓은 사람이 네 장의 카드를 모두 갖고 가서 자기 책상 앞에 쌓아놓는다. 조건에 맞는 분수를 내려놓은 사람이 두 사람이 될 수도 있는데 이때는 가위바위보로 정하거나 두 사람이 반씩 나눠 갖도록 하면 된다.

6 두 번째 순서의 사람이 조건을 말하며 활동을 계속한다. 여덟 번을 반복한 후 카드를 제일 많이 갖고 간 사람이 우승한다. 게임을 마치면 다른 모둠과 카드를 바꾸어 활동한다.

놀이의 팁 Tip

- 분모가 같은 분수의 크기는 쉽게 구별할 수 있지만 분모가 다른 분수는 통분의 과정을 거쳐야 하므로 쉽게 구별하기 힘들 수도 있다. 그리고 통분하는 과정을 모르는 학생이 있을 수 있으므로 분수를 잘하는 학생이 통분의

과정을 어떻게 하여 어떻게 크기를 비교하는지 설명한 다음 분수의 크기대로 카드를 늘어놓게 할 수 있다.

06 크다 작다 분수 놀이

• **관련 단원** 5-1 수학 4단원, 5-2 수학 2단원, 6-1 수학 1단원, 6-2 수학 1단원
• **준비물** 분수 카드, A4 종이

스무고개와 같은 형태의 놀이로 여덟 번을 질문하여 술래가 생각한 분수를 알아맞히는 활동이다. 다른 사람들은 "생각한 분수가 8분의 3보다 작습니까?" 또는 "생각한 분수가 8분의 3보다 큽니까?"와 같이 "작습니까?", "큽니까?"로만 질문을 하고, 술래는 "예" 또는 "아니오"로만 대답을 한다. 분수의 크기 비교를 마친 후 정리 활동으로 하면 좋다.

놀이방법

1 각 개인에게 A4 종이 한 장씩 나눠준 다음 네 명을 한 모둠으로 하여 모둠별로 모인다. 인원이 맞아 떨어지지 않으면 세 명이나 다섯 명을 한 모둠으로 만들 수 있다.

2 각자 A4 종이를 두 번 접고 편 다음 네 조각으로 오린다. 각 종이에 선생님이 쓰라고 하는 분수를 쓴다. 선생님은 학급 수준에 맞게 분모가 같은 분수를 쓰거나 분모가 다른 분수를 쓰도록 하면 된다. 분모가 8이며 크기가 다른 분수를 한 장에 한 개씩 모두 네 개 쓸 수 있고, 분모가 16이며 크기가 다른 분수 네 개를 쓸 수 있다. 또는 분모가 5이거나 8이며 크기가 다른 분수 네 개를 쓸 수 있다. 이와 같이 써야 할 분수의 범위를 정해주는 것이 좋다.

3 술래를 한 명 정한다. 술래는 자기가 쓴 분수 중에서 한 개를 골라 책상 위

에 보이지 않게 엎어놓는다. 다른 사람들은 돌아가며 한 번씩 질문을 한다. 질문은 "술래가 생각한 수는 ○○보다 큰 수입니까?" 또는 "술래가 생각한 수는 ○○보다 작은 수입니까?"와 같이 '큽니까? 작습니까?'로만 질문한다. 그러면 술래는 "예" 또는 "아니오"로만 대답을 한다.

4 모두 여덟 번을 질문하여 술래가 생각한 분수를 알아맞혀야 한다. 여덟 번 안에 못 맞히면 술래가 1점을 획득하고, 맞히면 술래는 점수를 획득하지 못한다. 돌아가며 술래를 정하여 게임을 계속한다.

놀이의 팁 Tip

- 어려운 분수일 경우에는 질문할 수 있는 횟수를 정해놓고 질문할 기회를 주도록 할 수 있으며 모든 활동을 마치면 다른 모둠과 분수 카드를 바꾸어 활동할 수 있다.

07 한 줄 서기 분수 놀이

- **관련 단원** 5-1 수학 4단원, 5-2 수학 2단원, 6-1 수학 1단원, 6-2 수학 1단원
- **준비물** 분수 카드

분수 카드를 하나씩 선택하고 분수의 크기 순서대로 일렬로 서는 활동이다. 통분의 과정을 익힌 후에 분수의 정리 단원에서 활용하기 좋은 놀이다. 분수의 개념을 이해하는 데 도움이 된다.

놀이방법

1 반 전체를 두 모둠으로 나눈다. 첫 번째 모둠이 한 줄 서기 미션을 수행하면 두 번째 모둠은 첫 번째 모둠이 바르게 했나 확인한다.

2 분수를 써놓은 분수 카드를 모둠의 인원수만큼 준비한다. 분수는 학습한 분수 중에서 학급 수준에 맞는 분수를 적는다.

3 첫 번째 모둠이 칠판 앞으로 나온다. 선생님이 분수 카드를 뿌리면 한 사람이 한 장의 분수 카드를 줍는다.

4 자기가 주운 분수 카드를 펴보고 친구의 것과 비교하면서 작은 수의 분수를 갖고 있는 사람부터 앞에 서고, 가장 큰 수의 분수를 갖고 있는 사람이 맨 뒤에 서서 한 줄을 만든다. 다른 모둠은 한 줄을 만들기까지 걸린 시간을 잰다.

5 한 줄 서기가 끝나면 다른 모둠이 크기의 순서대로 바르게 섰는지 확인한다. 바르게 섰으면 합격이 되고 바르지 못하면 불합격이 된다.

6 첫 번째 모둠의 활동이 끝나면 다른 분수 카드를 갖고 두 번째 모둠이 한

줄 서기를 하고 첫 번째 모둠이 확인하는 역할을 한다. 정확히 그리고 빠르게 미션을 수행하는 모둠이 우승한다.

08 선대칭 색종이 접기

- **관련 단원** 5-1 수학 6단원, 5-2 수학 6단원, 6-2 수학 3단원
- **준비물** 색종이, 도화지, 풀

선대칭도형의 색종이 접기를 하는 활동으로 미술과 수학의 융합 교육 활동이다. 친구가 접은 색종이 모양을 보고 선으로 접으면 모양이 똑같아지는 선대칭 모양을 접는 놀이다. 선을 중심으로 접으면 포개지는 모양을 접어야 하므로 친구가 접은 모양의 좌우가 반대가 되게 접어야 한다. 친구가 접는 모양을 자세히 관찰해야 하므로 관찰력을 기르는 데도 도움이 된다.

놀이방법

1 둘씩 짝을 지어 짝과 같이 활동한다. 두 명에게 한 장의 도화지를 나눠준다. 도화지의 짧은 면이 위로 가게 놓고 왼쪽과 오른쪽이 같은 면적이 되도록 반을 접는다. 반으로 접힌 곳을 펜으로 긋는다.

2 가위바위보에서 이긴 사람이 먼저 한쪽에 색종이로 모양을 만들어 도화지 가운데 줄에 붙인다. 그러면 다른 사람이 줄 반대편에 똑같은 모양을 만들어 붙인다. 이때 모양은 선을 따라 접으면 겹쳐지도록 만든다. 만든 모양을 그림으로 그려둔다.

3 이번에는 가위바위보에서 진 사람이 먼저 한쪽에 색종이로 모양을 만들어 줄에 붙인다. 그러면 다른 사람이 반대편에 똑같은 모양을 만들어 붙인다.

4 다섯 개의 그림이 완성될 때까지 게임을 계속한다.

09 선대칭도형 찾기

• **관련 단원** 5-1 수학 6단원, 5-2 수학 3단원, 6-2 수학 3단원
• **준비물** 도화지, 색종이, 자, 가위

선대칭도형을 찾아 대칭이 되도록 선을 긋는 활동이다. 선대칭도형과 선대칭이 아닌 도형을 보고 선으로 접었을 때 겹쳐지는 선대칭도형을 빨리 찾는 놀이다. 선대칭도형의 개념을 이해하는 데 도움이 된다.

1 네 명을 한 모둠으로 모둠 활동을 한다.
2 도화지나 색종이를 사용하여 모둠별로 선대칭도형 이십 개와 선대칭이 아닌 도형 이십 개를 만들어 오린 다음 골고루 섞는다. 다른 모둠이 만든 도형과 서로 바꾼다.
3 신호가 울리면 다른 모둠이 만든 도형 중에서 선대칭도형을 찾아 모양이 서로 겹쳐지도록 접는다. 접힌 부분을 선으로 긋는다.
4 다른 모둠이 만든 선대칭도형 이십 개를 빨리 찾는 모둠이 승리한다.

10 소수 곱셈 놀이

• **관련 단원** 5-1 수학 3단원, 5-2 수학 4단원, 6-2 수학 2단원
• **준비물** 주사위, 바둑알

주사위를 던져 나오는 수에 가위바위보를 하여 이겨서 얻은 소수를 곱하여 나오는 정수만큼 바둑알을 획득하는 놀이이다. 정수와 소수의 개념을 이해할 수 있는 활동이다. 주사위 두 개를 사용하면 세 자릿수의 곱셈 활동을 할 수 있다.

놀이방법

1 두 명씩 짝을 짓고 짝 활동을 한다. 각자 바둑알을 열 개씩 갖고 시작한다.
2 가위바위보를 하여 이긴 사람이 주사위를 던진다.
3 주사위에 나온 수에 '가위'로 이기면 0.5를 곱하고, '바위'로 이기면 1을 곱하고, '보'로 이기면 1.5를 곱한다. 곱해서 나온 정수만큼 진 사람의 바둑알을 갖고 온다. 다시 가위바위보를 하여 같은 활동을 계속한다.
4 한쪽 사람이 바둑알을 모두 잃으면 게임을 마치고, 다른 사람을 만나 활동을 한다.

11 문제 카드 모으기

- **관련 단원** 5-1 수학 5단원, 5-2 수학 4단원, 6-1 수학 3단원, 6-2 수학 2단원
- **준비물** 문제 카드

수학 문제를 풀면서 이기면 상대방의 문제 카드를 갖는 활동이다. 모둠이 협력해서 문제 카드를 많이 모아야 한다. 개인별 경기가 아니므로 팀이 협력해서 서로 돕는 활동을 할 수 있다.

놀이방법

1 네 명을 한 모둠으로 한다. 모둠별로 A4 종이 두 장씩 나눠준다.

2 각 모둠은 A4 종이 한 장을 여덟 조각씩 나누어 총 열여섯 개의 종이 카드를 만든다. 각 종이 카드에 오늘 배운 소수의 곱셈식을 적고 답은 적지 않는다. 한 사람이 문제 카드를 네 장씩 나눠 갖는다. 수준에 맞게 분수의 덧셈식을 적을 수도 있고, 소수의 덧셈식을 적을 수도 있다.

3 신호가 울리면 각자 돌아다니며 다른 모둠의 한 친구를 만나 가위바위보

를 한다. 가위바위보에서 이긴 사람이 '큰 수를 가진 사람이 이기기' 또는 '작은 수를 가진 사람이 이기기'를 말한다. 그리고 상대방의 카드 중에서 한 개를 뽑아 상대방에게 준다. 상대방이 쓴 소수 곱셈식을 보지 않고 뽑아야 한다. 가위바위보에서 진 사람도 가위바위보에서 이긴 사람의 카드 중에서 보지 않고 한 개를 뽑아 그 사람에게 준다. 뽑힌 카드의 값을 서로 비교해본다. '큰 수를 가진 사람이 이기기'로 했다면 답이 큰 수를 갖고 있는 사람이 답이 작은 사람의 카드를 갖는다. 그리고 다른 친구를 만나 계속 활동한다.

4 활동을 하다가 카드를 다 빼앗긴 친구는 같은 모둠원에게 카드를 빌려서 활동을 계속해야 한다. 카드가 없다고 활동을 멈추면 안 된다. 모둠원끼리는 서로 카드를 나눠주며 활동을 해야 한다.

5 제한된 시간이 지난 뒤 모둠의 자리로 돌아와 모둠이 갖고 있는 총 카드의 수를 센다. 카드의 수만큼 모둠이 점수를 얻는다.

12 손가락 덧셈

• **관련 단원** 5-1 수학 5단원, 5-2 수학 4단원, 6-1 수학 3단원, 6-2 수학 2단원

공격하는 상대방의 손가락 수만큼 더해서 수비하는 사람의 손가락을 펼치는 놀이다. 상대방의 공격을 방어하게 되면 수비하는 사람이 공격권을 갖게 되지만 공격하는 사람의 손가락 수만큼 더해서 펼칠 수 없으면 패한다. 간단한 연산 놀이로 학생들이 쉬는 시간에 자주 하는 활동이다. 상대방이 편 손가락 수와 내가 편 손가락 수를 잘 파악해야 하는 두뇌게임이다. 선생님도 학생들이 하는 놀이를 구경만 하지 말고 함께 참여하여 놀아주면 유대감도 형성되고 즐거운 시간을 가질 수 있다.

놀이방법

1 두 명씩 짝 활동을 한다. 양손의 검지를 하나씩 편 상태로 마주 보고 앉는다. 공격자와 수비자를 정한다.

2 공격자는 자신의 한 손으로 상대방의 한 손을 살짝 친다. 수비자는 공격자가 친 손의 손가락 수와 나의 손가락 수를 더한 수만큼 손가락을 편다. 예를 들어, 공격자가 오른손 검지로 수비자의 오른손 검지를 툭 쳤다면 수비자는 공격자의 검지 한 개와 수비자의 검지 한 개를 합쳐서 오른손으로 두 개의 손가락을 편다. 그리고 공격권을 갖는다. 공격자가 손가락이 두 개 펴져 있는 오른손으로 수비자의 손가락이 두 개 펴져 있는 오른손을 툭 쳤다면 수비자는 오른손 두 개의 손가락을 더 펴서 네 개의 손가락을 펴고 상대방을 공격하면 된다. 공격권은 번갈아가며 얻게 된다.

3 공격자가 손가락이 세 개 펴져 있는 오른손으로 수비자의 손가락이 두 개 펴져 있는 오른손을 툭 쳤다면 수비자는 오른손 세 개의 손가락을 더 펴서 다섯 개의 손가락을 펴게 된다. 그러면 수비자의 오른손은 더 이상 사용할 수 없게 되고 오른손은 아웃이 되어 왼손만 사용해야 한다. 또한 공격자가 손가락이 세 개 펴져 있는 오른손으로 수비자의 손가락이 세 개 펴져 있는 오른손을 툭 쳤다면 수비자는 오른손으로 여섯 개의 손가락을 펼 수 없으므로 역시 오른손은 아웃된다.

4 공격권을 얻은 수비자가 박수를 치고 자기 손가락의 개수를 양손으로 분배하면 공격권을 상대방에게 넘겨주고 자기는 다시 수비자가 된다. 예를 들어, 공격권이 있는 사람의 오른손은 네 개가 펴져 있고, 왼손은 한 개가 펴져 있다면 박수를 치고 오른손의 두 개의 손가락을 왼손으로 옮길 수 있다. 그러면 오른손은 두 개를 펴고, 왼손은 세 개를 편 다음 수비자가 된다. 공격권을 얻은 사람의 오른손은 아웃이 되었고 왼손의 손가락을 두 개 펴고 있다면 박수를 치고 왼손 하나, 오른손 하나를 펴고, 공격권을 상대방에게 넘겨줄 수 있다.

5 양손을 모두 사용할 수 없게 된 사람이 지게 된다. 먼저 공격할 사람을 정하고 다시 활동한다.

13 이쑤시개 이동하며 수 만들기

- **관련 단원** 5-1 수학 1단원, 5-2 수학 1단원, 6-1 수학 1단원, 6-2 수학 1단원
- **준비물** 이쑤시개

이쑤시개를 이용해 세 자릿수를 만들고 이쑤시개 두 개를 이동하며 다른 수를 만들어가는 활동이다. 혼자 하기보다는 네 명 또는 두 명이 한 조가 되어 활동하면 서로 의견을 나눌 수 있어 더 좋은 효과를 얻을 수 있다.

놀이방법

1 네 명을 한 조로 편성하고 조별 활동을 한다. 조별로 이쑤시개 열여덟 개를 사용하여 디지털 전자시계의 숫자 모양 803의 숫자를 만든다.

2 이쑤시개 두 개를 이동하여 다른 숫자를 만들어본다. 만든 숫자를 공책에 적는다. 만들 수 있는 숫자를 모두 만들어본다. 만들 때마다 만든 숫자를 공책에 적는다.

3 자기 조에서 만든 모든 수를 더한다. 더한 값이 가장 큰 조에게 시상한다. 숫자를 많이 만든 조가 유리하다.

놀이의 팁 Tip

- 세 자릿수만 고집하면 큰 수를 만들 수 없지만 네 자리, 다섯 자릿수를 만들면 큰 수를 만들 수 있다.

14 빙고 완성하기

• **관련 단원** 5-2 수학 4단원, 6-1 수학 3단원, 6-2 수학 2단원
• **준비물** A4 색종이, 붙임자석

다른 모둠이 낸 소수의 곱셈 또는 나눗셈 문제를 풀면 선생님에게 자석을 하나 받는다. 자석을 받은 모둠이 칠판에 그려져 있는 빙고판에 붙이면서 빙고를 만들어가는 활동이다. 빙고를 제일 많이 만든 모둠이 승리하는 놀이로 문제를 잘 푸는 학생은 많은 문제를 풀고, 문제를 잘 못 푸는 학생은 조금 풀면 되는 수준별 학습이다.

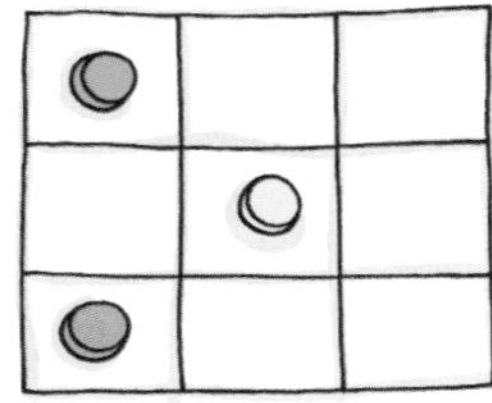

놀이방법

1 네 명을 한 모둠으로 한다. 모둠별로 빨간색, 파란색, 노란색, 초록색 종이를 두 장씩 나눠준다. 각 모둠에서는 한 장의 종이를 8등분하여 오린다. 그러면 각 모둠마다 열여섯 장의 종이가 생긴다. 종이마다 한 개씩 문제를 적는다. 문제는 그날 학습한 소수의 곱셈이나 나눗셈 문제를 낸다. 문제를 낸 모둠은 자기네 모둠이 낸 문제를 미리 하나씩 풀어본다. 그리고 그 문

제의 답을 따로 적어놓거나 알고 있어야 한다.

2 문제의 종이를 보이지 않게 두 번 접는다. 접은 종이를 교탁 위 바구니에 넣는다. 신호가 울리면 바구니에서 한 사람이 한 장씩 갖고 오는데 자기 모둠이 낸 문제를 갖고 오면 안 된다. 색깔을 확인하고 다른 모둠이 낸 문제를 갖고 온다.

3 문제를 푼 학생은 문제를 낸 모둠에게 가서 정답을 확인받는다. 문제를 낸 모둠은 답이 맞았으면 사인을 해준다. 사인을 받은 종이 네 장을 모은 모둠은 선생님에게 가져가서 문제를 낸 종이와 같은 색의 자석을 한 개 받는다. 받은 자석은 3×3의 빙고판이 그려져 있는 칠판에 붙인다.

4 문제를 다 푼 학생은 또 다른 종이를 갖고 와 문제를 풀고, 모둠이 얻은 자석은 계속 붙여나간다. 자석을 붙일 때는 다른 모둠이 빙고를 만들려고 하는 곳에 붙이면서 우리 모둠이 빙고를 만들게 되는 곳에 붙여나간다.

5 빙고판이 모두 자석으로 채워지면 게임을 종료하고 빙고를 많이 만든 모둠에게 시상한다.

15 열 고개 넘기

• **관련 단원** 5-1 수학 2단원, 5-2 수학 1단원, 6-1 수학 3단원, 6-2 수학 2단원
• **준비물** A4 종이

책상 가운데에 수 카드를 쌓아놓고 한 사람이 카드를 하나 뽑는다. 그러면 다른 사람들은 약수와 배수를 활용하여 그 수 카드의 숫자를 알아맞히는 활동이다. 열 번의 질문에 못 맞히면 수 카드를 뽑은 사람이 1점을 획득하고 맞히면 점수를 획득하지 못하고 다음 사람에게 기회가 넘어간다. 수를 맞히는 사람들은 서로 의논하면서 수를 맞힐 수 있기 때문에 학습능력이 떨어지는 학생도 도움을 받아 풀 수 있어 협력 학습으로 좋다.

놀이방법

1 네 명을 한 모둠으로 모둠별 활동을 한다. 1부터 50까지의 수 카드를 만들어 책상 가운데에 쌓아놓고 시작한다. 수 카드는 A4 종이를 잘라서 만든다. 술래를 한 명 정하고 술래는 가운데 쌓여 있는 수 카드를 한 장 갖고 온다.

2 다른 사람들은 '4의 배수입니까? 10의 약수입니까?'와 같이 배수와 약수의 단어로 질문을 하면서 갖고 가져간 카드의 수를 알아맞혀야 한다. 수를 알아맞히는 사람들은 서로 의논하면서 수를 추리해나갈 수 있다.

3 아홉 번까지 질문을 하고 열 번째에 맞혀야 한다. 물론 그 안에 맞혀도 된다. 그러나 열 번 전에 틀린 답을 이야기하면 한 번의 질문으로 간주한다.

4 이렇게 열 번 안에 못 맞히면 수를 가져간 사람은 수 카드를 보여주고, 1점을 획득하게 된다. 그러나 열 번 안에 맞히면 점수를 획득하지 못하고 옆 사람이 수 카드를 가져가서 게임을 계속한다.

5 게임이 끝난 후 제일 많은 점수를 획득한 사람이 승리한다.

놀이의 팁 Tip

- 수 카드를 맞힐 때 약수, 배수의 단어 대신에 이상, 이하, 초과, 미만의 단어를 사용하여 수를 맞힐 수 있다.
- 수를 1부터 100까지 써놓을 수 있다.

16 일치하는 답 찾기

- **관련 단원** 5-1 수학 1단원, 5-2 수학 1단원, 6-1 수학 1단원, 6-2 수학 1단원
- **준비물** A4 종이, 바둑알

자연수 혼합계산식을 풀어보고 그 답이 수의 범위에 맞는 짝을 찾으면 1점을 획득하게 되는 게임이다. 자연수 혼합 계산하는 방법과 수의 범위를 나타내는 방법을 모두 알아야 해결할 수 있는데 한 가지라도 잘 모르는 학생은 잘 아는 학생에게 도움을 받을 수 있어 협력 학습이 될 수 있다.

놀이방법

1 각각 A4 종이를 한 장씩 나눠준다. 한 장의 종이를 8등분하여 오려 여덟 장의 종이로 만든다. 한 장의 종이에는 자연수 혼합계산식을 쓰고, 다른 한 장에는 그 답을 수의 범위로 쓴다. 예를 들어 한 장의 종이에 '50×2-70÷2='를 적었다면 그 답이 65이므로 다른 한 장의 종이에는 65라고 적지 말고 '60 이상 65 이하'라고 적으면 된다. 갖고 있는 종이에 모두 네 개의 문제와 답의 범위를 쓰면 된다.

2 출제된 종이는 안 보이게 두 번 접어 교탁 위 바구니에 모두 담는다.

3 신호가 울리면 바구니에서 한 장의 종이를 꺼내고, 내가 가진 문제와 답이 일치하는 사람을 찾아다닌다. 답을 잘 모르는 학생이 있으면 서로 알려주면서 찾으면 된다.

4 일치하는 사람을 찾았으면 두 사람이 같이 선생님에게 종이를 제출하고 대신 바둑알을 하나씩 획득한다. 그리고 바구니에서 다른 종이 한 장을 또

갖고 간다. 만약 일치하는 사람을 찾기 힘들면 바구니에서 다른 종이로 바꿀 수 있다.

5 바구니의 종이가 다 없어질 때까지 활동을 계속하고, 다 없어지면 바둑알을 획득한 수만큼 점수를 획득하게 된다.

놀이의 팁 Tip

- 모둠별 활동을 하면 모둠별로 서로 도와가며 할 수 있기 때문에 네 명을 한 모둠으로 바둑알을 제일 많이 획득한 모둠에게 시상할 수 있다.
- 자연수의 혼합계산 대신 분수의 덧셈이나 소수의 덧셈으로 활동할 수 있어 여러 단원에서 활용이 가능하다.

17 같은 카드 모으기

• **관련 단원** 5-1 수학 5단원, 5-2 수학 2단원, 6-1 수학 1단원, 6-2 수학 1단원
• **준비물** A4 종이

분수의 덧셈이나 곱셈에서 답이 같은 네 개의 분수의 계산식 카드를 수집하는 놀이이다. 네 명이 모여 하는 활동이므로 네 명의 학습 능력 수준이 비슷한 사람끼리 하는 것이 수준별 학습이 되어 좋다. 모둠의 능력에 맞는 문제를 만들도록 하는 것이 좋고, 경우에 따라서는 학습 능력이 뒤처진 학생을 도우며 할 수 있도록 두 명이 한 조가 되어 조별 경기를 해도 좋다.

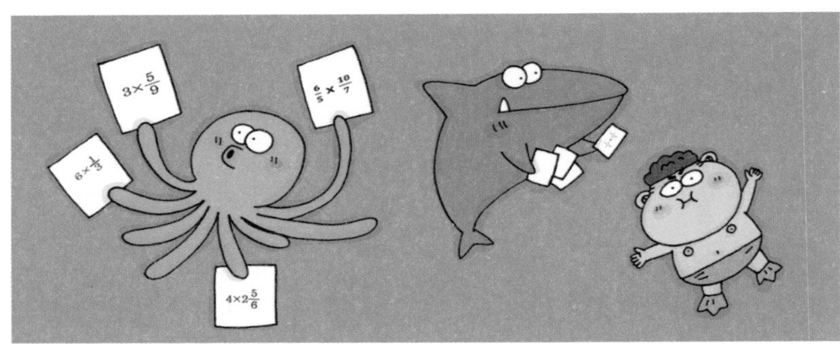

놀이방법

1 네 명을 한 모둠으로 모둠별로 책상을 붙인다. 각자에게 A4 종이를 한 장씩 나눠준다. 각자 A4 종이 한 장을 4등분하여 네 장의 카드를 만든다. 각 카드에 분수의 곱셈식을 한 개씩 만들어 적는다.

2 각 카드에 오늘 배운 분수의 곱셈식을 쓰는데 네 장에 쓰는 문제의 곱셈식은 모두 다르지만 그 답은 모두 같아야 한다. 답은 쓰지 않고 문제만 쓴다.

3 네 명이 출제한 문제를 모으면 총 열여섯 장의 카드가 된다. 서로 바꿔 보며 잘못 쓴 식은 없는지 확인한다. 만약 잘못된 것이 있으면 서로 고쳐준다.

4 확인을 마쳤으면 네 명이 만든 열여섯 장의 카드를 모두 모아 골고루 섞는다. 그리고 우리 모둠의 종이를 다른 모둠과 바꾸어 다른 모둠에서 만든 문제를 푼다.

5 각자 무작위로 네 장의 종이를 나눠 갖는다. 네 장의 카드를 보고 답이 같은 분수의 곱셈식 카드를 네 장 모아야 한다. 그러면 필요 없는 카드가 있을 것이다. 모둠원이 모두 "하나 둘 셋" 하면서 필요 없는 카드 한 장을 책상에 글씨가 보이게 내려놓는다. 내려놓은 카드 중에서 아무 카드나 한 장 가지고 간다. 글씨가 보이게 내려놓으면 답을 예측하여 가져갈 카드를 눈여겨볼 수 있게 된다. 이렇게 한 장씩 내려놓고 가져가기를 반복하면서 답이 같은 카드 네 장을 먼저 모으는 사람이 우승한다.

6 네 명이 모두 모을 때까지 활동을 계속하고 모은 순서대로 등수를 정한다. 만약 같은 카드를 모으는 사람이 두 명이 있다면 같은 카드가 계속 버려질 것이다. 이럴 때면 누군가 한 사람은 카드의 답을 다른 카드로 수집해야 한다.

7 활동이 끝나면 또 다른 모둠과 카드를 바꾸어 세 번의 게임을 마칠 때까지 활동을 계속한다.

18 땅따먹기

• **관련 단원** 5-1 수학 6단원, 5-2 수학 5단원, 6-1 수학 6단원
• **준비물** A4 종이, 자, 색연필

짝과 A4 종이에 도형을 만들어가면서 땅을 차지하는 놀이다. 도형을 만들고 도형의 넓이를 구하는 학습으로 이어지는 활동이다. 넓은 도형을 만들려고 선을 길게 만들다가 도형을 완성하지 못하면 내 땅이 될 수 없고 완전한 다각형의 도형을 만들어야 내 땅이 될 수 있다. 도형의 넓이를 이해하는 데 도움이 되는 놀이다.

놀이방법

1 두 명을 한 조로 하여 짝 활동을 한다. 두 명당 A4 종이 한 장씩 나눠준다. 두 명이 같이 A4 종이 위에 사십 개의 점을 자유롭게 찍는다. 각자 색연필의 색깔을 달리한다.
2 가위바위보로 이긴 사람은 점과 점을 자를 사용하여 직선으로 연결한다. 반드시 두 개의 점을 연결해야 하고 세 개 이상의 점을 연결할 수 없다.
3 가위바위보로 이긴 사람이 또 두 개의 점을 연결한다. 이때 다른 사람이 연결한 점은 사용할 수 없으며 다른 사람이 그은 선을 건드려도 안 된다. 이긴 사람이 또 이겼다면 아까 그은 선에서 시작한다.
4 다른 사람의 선을 건드리지 않으면서 다각형을 완성하면 그 다각형은 나의 땅이 된다.
5 더 이상 연결할 점이 없다면 활동을 멈춘다. 그리고 내 땅이 된 도형의 넓

이를 구한다. 넓이가 넓은 땅을 차지한 사람이 승리하게 된다. 또 다른 친구를 만나 활동을 다시 시작한다.

고학년 사회 교과는 단위 시간에 학습해야 할 내용이 많고
광범위하여 학생들이 힘들어하는 과목 중 하나입니다.
또한 시간이 부족한 경우가 많아 놀이 학습에 많은 제약을 받습니다.
하지만 이렇게 힘든 과목일수록 놀이를 통한 수업이 꼭 필요합니다.
사회 교과는 시민의 가치를 알아가고 민주 시민의 자질을 형성하는 것에
그 목적이 있습니다. 그러므로 지식의 습득보다는 관계 형성 놀이를 통하여
직접 체득하게 하는 것이 중요합니다.

대부분의 과학 교과 학습 주제는 실례나 학습과 관련된 현상을 구체적으로
다루지 않고서는 이해하기 어렵습니다. 따라서 고학년에서는
실험을 하는 수업이 많은데 실험은 과학 수업에서 필수적인 수업 방법으로
매우 유용한 교수 학습 전략으로 활용되고 있습니다.
학생들의 관심과 흥미를 이끌어내는 것은 학습의 성공에 큰 영향을 줍니다.
일상생활에 사용하고 있는 주변의 물건들을 활용하여 재미있는 수업을
진행하는 방법이 있다면 더 좋은 효과를 얻을 것입니다.

Part 3

사회 과학 수업 놀이

5-1 사회

1단원 01 피자 연상 단어 | 03 순례자 놀이 | 04 질문 던지기 | 05 인터뷰 수업 | 07 친구 가르치기 | 08 종이 찢기 빙고 | 09 연상되는 단어 | 11 사람 빙고 | 13 대통령 맞히기 | 14 청백 자석 빙고

2단원 10 거짓 카드 찾기 | 12 조세포탈 | 15 이어 말하기

5-2 사회

1단원 01 피자 연상 단어 | 02 특파원 파견 | 04 질문 던지기 | 05 인터뷰 수업 | 06 물 전달하기 | 07 친구 가르치기 | 10 거짓 카드 찾기 | 14 청백 자석 빙고 | 15 이어 말하기

2단원 08 종이 찢기 빙고 | 09 연상되는 단어 | 11 사람 빙고 | 12 조세포탈 | 13 대통령 맞히기

6-1 사회

1단원 01 피자 연상 단어 | 03 순례자 놀이 | 04 질문 던지기 | 05 인터뷰 수업 | 07 친구 가르치기 | 08 종이 찢기 빙고 | 09 연상되는 단어 | 11 사람 빙고 | 13 대통령 맞히기 | 14 청백 자석 빙고 | 15 이어 말하기

3단원 12 조세포탈

6-2 사회

1단원 01 피자 연상 단어 | 02 특파원 파견 | 03 순례자 놀이 | 04 질문 던지기 | 05 인터뷰 수업 | 07 친구 가르치기 | 08 종이 찢기 빙고 | 09 연상되는 단어 | 10 거짓 카드 찾기 11 사람 빙고 | 13 대통령 맞히기 | 14 청백 자석 빙고 | 15 이어 말하기

3단원 06 물 전달하기 | 12 조세포탈

5-1 과학

5-2 과학

6-1 과학

6-2 과학

01 피자 연상 단어

- **관련 단원** 5-1 사회 1단원, 5-2 사회 1단원, 6-1 사회 1단원, 6-2 사회 1단원
- **준비물** A4 종이, 색연필, 붙임종이

각 모둠에서 학습한 내용 중에서 주제를 하나 정하고 주제가 연상되는 단어를 적는다. 어떤 단어를 적었는지 다른 모둠이 알아내는 활동으로 학습 단원의 정리 단계에 활용하면 좋은 놀이다.

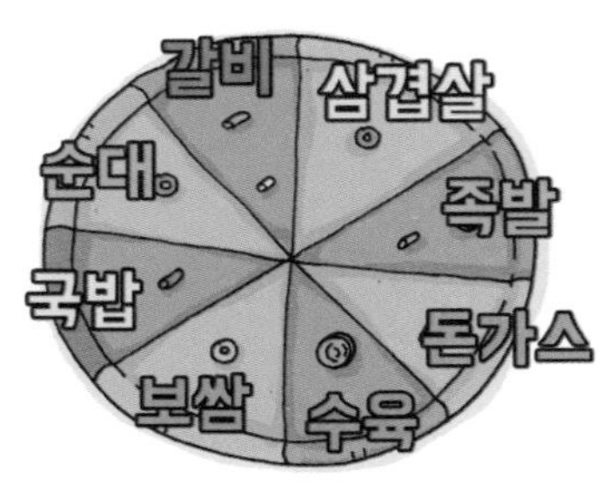

놀이방법

1 네 명을 한 모둠으로 모둠끼리 모여 앉는다.

2 학습한 내용 중에서 키워드의 단어를 하나 주제로 선택하고, A4 종이 맨 위에 적는다. 예를 들어 '조선'에 관한 학습을 하였다면 조선과 관련된 단어를 주제로 정하면 된다. 만약 첫 번째 모둠에서 '이성계'를 주제로 정했다면 A4 종이 맨 위에 타이틀로 '이성계 피자'라고 적는다. 학습한 단원의 내용에 따라 주제를 자유롭게 바꿀 수 있다.

3 '이성계 피자'라고 적은 제목 밑에 색연필로 큰 원을 하나 그린 다음 원을 피자 조각처럼 여덟 조각으로 나누어 선을 긋는다.

4 모둠끼리 의논하여 '이성계' 하면 떠오르는 단어 여덟 개를 정하고 그 단어를 한 칸에 한 개씩 적는다. 그리고 적은 글씨가 보이지 않도록 붙임종이를 붙여 가린다.

5 다른 모둠에서는 첫 번째 모둠이 어떤 단어를 적었을지 모둠끼리 의논한 후 알아맞히면 된다. 두 번째 모둠부터 첫 번째 모둠이 적었을 것 같은 단어를 하나씩 말한다. 예를 들어 두 번째 모둠이 '위화도 회군'이란 단어를 말했는데 그 단어가 피자 모양에 적혀 있다면 첫 번째 모둠은 '위화도 회군'이라고 쓴 글씨를 가렸던 붙임종이를 떼어 보여준다. 알아맞힌 모둠은 1점을 획득한다.

6 첫 번째 모둠의 퀴즈가 끝나면 두 번째 모둠이 퀴즈를 낸다. 제일 많이 맞힌 모둠이 승리한다.

02 특파원 파견

- **관련 단원** 5-2 사회 1단원, 6-2 사회 1단원, 5-1 국어 6단원, 6-1 국어 1단원
- **준비물** A4 종이

각 모둠에서 두 명은 다른 모둠으로 가서 자기 모둠의 의견을 전달하고 두 명은 남아서 자기 모둠으로 온 다른 모둠원에게 자기 모둠의 의견을 전달하는 토의토론 활동이다. 국어와 사회 교과 융합 활동으로 사고력과 논리력을 키우는 데 도움이 되는 놀이다.

놀이방법

1 네 명을 한 모둠으로 모둠별로 모여 앉는다.

2 선생님이 제시한 주제에 관한 모둠별 토의 활동을 한다. 선생님은 다음과 같은 주제를 정해줄 수 있다. 예를 들어 '고려시대의 문화재 중에서 가장 가치 있다고 생각하는 문화재를 하나 고르고 그 이유에 관해 토의하세요.', '봄이 되면 변하는 것은 무엇이 있을까요?', '임진왜란 후 어떤 변화가 일어났나요?' 등이 있다.

3 모둠별로 5분 동안 토의하고 '고려시대의 문화재 중에서 가장 가치 있다고 생각하는 문화재'를 모둠에서 하나 고른다. 신호가 울리면 두 명은 옆 모둠으로 이동하고, 두 명은 자기 모둠에 남는다. 다른 모둠으로 간 사람은 우리 모둠에서는 어떤 것을 정했으며 왜 그것을 정했는지 알리고, 그 모둠에서는 어떤 것을 정했는지 알아본다.

4 다른 모둠으로 이동한 두 사람이 다른 모둠을 다 돌고 자기 모둠으로 돌아

올 때까지 계속한다. 두 명이 자기 모둠으로 돌아오면 다시 한 번 모둠끼리 의견을 나눈다. 이때 모둠에서는 처음 결정을 바꿀 수 있다.

5 모둠에서 다시 의논을 한 후 각 모둠에서 결정된 내용을 조사하여 우리 반에서 가장 가치 있다고 생각하는 고려 시대의 문화재는 어떤 것이 제일 많이 나왔는지 알아낸다.

놀이의 팁 Tip

- 각 모둠에서 한 명이 가고 세 명을 남게 하거나 세 명이 가고 한 명을 남게 할 수 있다.
- 주제는 학습한 내용에 따라 다양하게 바꿀 수 있다.

03 순례자 놀이

• **관련 단원** 5-1 사회 1단원, 6-1 사회 1단원, 6-2 사회 1단원
• **준비물** A4 종이

교실의 각 모퉁이를 학습의 공간으로 활용하는 활동으로 교실의 각 모퉁이를 순례하며 힌트를 얻고 문제의 답을 알아맞히는 놀이다. 문제를 내는 모둠은 한 사람씩 각 모퉁이 공간에 서 있고, 다른 모둠은 각 모퉁이를 다니며 문제의 답을 알아낼 수 있는 힌트를 얻어 문제의 답을 맞힌다. 역사 공부에 활용하면 좋은 활동이다.

놀이방법

1 네 명씩 한 모둠으로 모둠별로 모여 앉는다.

2 모둠별로 문제를 하나 만들고, 문제를 풀 수 있는 힌트를 네 개씩 선정한다. 특정한 나라를 설명하는 문제를 내도 좋고, 역사의 사건이나 역사의 인물에 관한 문제를 내도 좋다. 첫 번째 모둠부터 문제를 낸다. 문제를 내는 모둠은 한 명씩 각 모퉁이에 앉아서 다른 모둠이 오면 문제의 힌트를 한 개씩 알려준다.

3 다른 모둠은 네 명의 모둠끼리 각 모퉁이를 돌아다니며 힌트 한 가지씩을 듣고 종합하여 A4 종이에 문제의 답을 적는다. 답을 맞히는 모둠은 점수를 획득한다.

4 문제를 내는 모둠을 바꾸어 활동을 계속한다.

04 질문 던지기

- **관련 단원** 5-1 사회 1단원, 5-2 사회 1단원, 6-1 사회 1단원, 6-2 사회 1단원
- **준비물** 공

둥글게 앉거나 앞을 보고 앉아 있는 상태에서 공을 던지며 그날 학습한 내용을 질문하고 공을 받은 사람은 그 질문에 답을 하는 놀이이다. 수업의 정리 단계에서 활용하면 좋은 활동이다.

놀이방법

1 교실의 책상을 뒤쪽으로 옮겨 공간을 만들고 자기 의자를 갖고 원 모양으로 둥글게 앉는다.

2 선생님이 한 사람에게 공을 던지며 그날 학습한 내용을 질문하면 공을 받은 사람은 그 질문에 답을 한다. 만약 가까운 나라의 문화에 대해 공부했다면 "일본의 전통적인 운동으로 우리나라의 씨름과 비슷한 일본의 대표적인 스포츠는 무엇입니까?"라고 질문할 수 있다.

3 공을 받은 사람은 질문에 대해 "스모입니다."라고 답을 하고, 던지고 싶은 다른 사람에게 공을 던지며 또 다른 질문을 한다.

놀이의 팁 Tip

- 책상을 옮기는 것이 번거로우면 그냥 앞을 보고 앉아 있는 상태에서 활동할 수 있다.

- 답을 모르면 친구에게 도움을 받을 수 있게 하는 것도 좋다.
- 공 받는 것을 회피하는 학생이 있을 수 있으므로 공을 던지는 사람은 받을 사람과 눈을 맞춘 후 던져주도록 한다.
- 모든 학생에게 골고루 기회를 주고 싶으면 모두 양손을 올리고 시작했다가 공을 받은 사람은 손을 내리게 할 수 있다.

05 인터뷰 수업

• **관련 단원** 5-1 사회 1단원, 5-2 사회 1단원, 6-1 사회 1단원, 6-2 사회 1단원
• **준비물** 붙임종이

수업 시간에 이성계에 관해 공부를 했다면 모둠에서 한 사람은 이성계가 되고 나머지는 기자가 되어 인터뷰하는 형식으로 활동을 한다. 역사의 주인공이 되어 봄으로써 역사를 재인식하는 데 도움이 되는 놀이다. 수업의 정리 단계에서 활용하면 좋은 활동이다.

놀이방법

1 네 명을 한 모둠으로 모둠별로 앉는다.

2 모둠에서 한 사람은 오늘 학습한 내용의 주인공이 되고, 나머지 세 사람은 기자가 된다. 기자는 주인공에게 여러 가지 질문을 하고, 주인공은 그 질문에 대해 답을 한다.

3 예를 들어 기자가 "왜 한양으로 수도를 옮겼습니까?"라는 질문을 하면 '이성계' 역할을 맡은 사람은 교과서에 나와 있는 내용으로 답을 할 수 있고, 교과서에 나와 있지 않은 자신만의 생각을 이야기할 수도 있다.

4 이렇게 교과서에 나와 있지 않은 내용을 질문하고 답하다 보면 그 당시의 배경이나 인물의 잘한 점 또는 잘못한 점 등을 생각하게 된다.

5 역할을 바꾸어가며 활동을 계속한다.

놀이의 팁 Tip

- 기자는 붙임종이에 질문을 적어 주인공을 맡은 사람에게 주도록 하고, 주인공 역을 맡은 사람은 붙임종이에 적힌 질문을 보고 답하고 싶은 내용만 답을 할 수 있도록 해도 된다.
- 모둠 활동을 마친 후, 반에서 한 사람이 주인공이 되고 나머지 학생들은 모두 기자가 되어 질문을 할 수 있다.

06 물 전달하기

- **관련 단원** 5-2 사회 1단원, 6-2 사회 3단원
- **준비물** 컵, 물통, 물

물을 컵으로 전달하거나 손으로 전달하는 활동을 통해 소득의 차이가 생기는 이유를 알고 무역할 때의 유의점을 느끼게 하는 협력 놀이다. 받았을 때의 물의 양과 줄 때의 물의 양이 변하는 이유를 알고 수입과 지출의 관계에 대해 학습해보는 활동이다.

놀이방법

1 운동장에서 전체 인원을 두 팀으로 나누고 팀별로 한 줄 종대로 선다. 모두 컵을 하나씩 든다. 맨 앞사람 앞에 물이 담긴 통을 놓고, 마지막 줄 뒤에 물을 담을 수 있는 빈 통을 놓는다.

2 신호가 울리면 맨 앞사람이 컵에 물을 담아 뒷사람 컵에 물을 쏟는다. 뒷사람은 또 그 뒷사람에게 물을 전달한다. 맨 마지막 사람은 물을 받아 빈 통에 담는다. 정해진 시간에 많은 물을 담은 팀이 우승한다.

3 모두 컵을 내려놓는다. 이번에는 맨 뒷사람부터 물을 손으로 담아 앞사람에게 전달한다. 앞사람은 또 그 앞사람에게 물을 전달한다. 맨 앞사람은 물을 받아 빈 통에 담는다. 정해진 시간에 많은 물을 담은 팀이 우승한다.

4 처음보다 물이 줄어든 이유를 의논한다. 물을 많이 담으려면 어떻게 해야 할지 의논한다. 물이 줄어들은 것을 보고 수입과 지출의 관계에 대해 생각하게 한다. 무역할 때의 유의점에 관해서도 의논해본다.

07 친구 가르치기

• **관련 단원** 5-1 사회 1단원, 5-2 사회 1단원, 6-1 사회 1단원, 6-2 사회 1단원
• **준비물** A4 종이

네 명을 한 모둠으로 모둠에서 공부한 것을 다른 모둠에게 가르치는 활동으로 친구를 가르치면서 배우는 놀이다. 다른 친구를 가르치는 것은 나에게 손해가 되는 것이 아니라 가르치면서 내가 더 오래 기억할 수 있고, 발전할 수 있다는 것을 느끼게 하는 활동이다.

놀이방법

1 네 명을 한 모둠으로 모둠별로 앉고, 모둠에서 1번부터 4번까지 번호를 정한다.

2 각 모둠의 사람마다 학습할 내용을 다르게 정해준다. 예를 들어 1번과 3번에게는 고려에 대해, 2번과 4번에게는 조선에 대해 조사하게 할 수 있다.

3 각자 주어진 주제에 대해 조사한다. 제한된 시간이 지나면 각 모둠의 1번 학생은 2번 학생에게 자기가 조사한 내용을 가르치고, 3번 학생은 4번 학생에게 자기가 조사한 내용을 가르친다. 제한된 시간이 지나면 역할을 바꾸어 배우던 학생이 가르치고, 가르치던 학생은 배운다.

4 가르치고 배우는 것이 끝나면 선생님이 내는 문제를 듣고 문제를 푼다. 답은 모둠에서 의논하고, 문제를 맞히면 모둠이 한 문제당 10점을 얻는다.

놀이의 팁 Tip

- 문제를 선생님이 내지 않고 각 모둠에서 문제를 열 개씩 만들어낼 수 있다. 가르치는 것은 또 다른 방법으로 배우는 것이라는 것을 느끼게 한다.

08 종이 찢기 빙고

- **관련 단원** 5-1 사회 1단원, 5-2 사회 2단원, 6-1 사회 1단원, 6-2 사회 1단원
- **준비물** A4 종이

종이에 질문에 해당하는 답을 적고, 선생님이 부르는 답을 하나씩 찢어가는 놀이로 빙고를 만들어가는 활동과 같다. 오늘 배운 범위 안에서 질문을 하면 되고, 양쪽 끝에 있는 답만 찢어야 하는 규칙이 있다. 다른 단원이나 과목에도 적용할 수 있는 활동이다.

놀이방법

1 네 명을 한 모둠으로 모둠별로 모여서 활동을 한다. 각 모둠에게 A4 종이를 한 장씩 나눠준다.

2 모둠은 A4 종이 한 장을 긴 면이 위로 가게 놓고 위에서 아래로 반을 접는다. 위에서 아래로 한 번 더 반으로 접으면 4등분으로 나누어지는데, 가

위로 오려 한 사람이 한 조각씩 갖는다.

3 조각난 종이를 받은 사람은 긴 면이 위로 가게 놓고, 왼쪽에서 오른쪽으로 접어가며 6등분하여 경계면을 선으로 긋는다.

4 선생님이 내는 문제의 답을 여섯 개만 적는다. 예를 들어 선생님이 '우리나라의 행정구역을 적어보세요.'라고 했다면 생각나는 여섯 개의 행정구역을 적는다. 적는 순서는 자유다.

5 선생님이 부르는 행정구역이 내가 적은 종이의 맨 오른쪽이나 맨 왼쪽에 있으면 그 종이는 찢어버린다. 예를 들어 선생님이 '경기도'를 불렀는데 '경기도'가 맨 왼쪽에 있거나 맨 오른쪽에 있으면 그 한 부분의 종이를 찢을 수 있지만 '경기도'가 가운데 있으면 찢을 수 없다. '경기도'를 찢게 되면 두 부분 이상이 나눠지게 되므로 찢어서는 안 된다.

6 이렇게 제일 먼저 종이를 다 찢은 사람이 우승한다.

09 연상되는 단어

• **관련 단원** 5-1 사회 1단원, 5-2 사회 2단원, 6-1 사회 1단원, 6-2 사회 1단원
• **준비물** A4 종이

오늘 학습한 내용을 정리하는 정리 단계에 활용하면 좋은 놀이다. 고려에 관해 공부를 했다면 '고려' 하면 떠오르는 단어를 쓰고, 이웃 나라에 대해 공부를 했다면 '몽골' 하면 떠오르는 단어를 생각나는 대로 쓰게 함으로 학습한 내용을 정리하는 활동이다. 대부분 가장 중요하다고 생각하는 물건이나 사건들을 적게 되는데 많은 친구들이 쓴 것은 높은 점수를 획득하게 된다.

놀이방법

1 모두에게 A4 종이를 한 장씩 나눠준다.
2 학습한 내용의 핵심단어를 말해주고 연상되는 단어를 적게 한다. 예를 들어 오늘 '고려'에 관한 역사 공부를 했다면 '고려' 하면 연상되는 단어를 적는다. 떠오르는 단어는 많이 적어도 상관없다.
3 같은 단어를 쓴 학생의 수만큼 점수를 획득한다. 예를 들어 '고려청자'라는 단어를 쓴 사람이 열 명이면 '고려청자'를 쓴 학생은 10점을 획득하게 되므로 '고려청자'라는 단어에 밑줄을 긋고 10점이라고 쓴다.
4 제일 높은 점수를 획득한 학생에게 시상한다.
5 네 명을 한 모둠으로 모둠별로 활동해도 좋다.

10 거짓 카드 찾기

• **관련 단원** 5-1 사회 2단원, 5-2 사회 1단원, 6-2 사회 1단원
• **준비물** A4 종이, 바둑알

카드 세 장에 서로 관련 있는 단어를 쓰고 카드 한 장에는 아무 관련이 없는 단어를 쓴 다음 문제를 제시하면 아무 관련 없는 거짓 카드 한 장을 골라내는 활동이다. 모둠원이 함께 문제를 만들면 다른 모둠원이 와서 문제를 풀기 때문에 모둠끼리 협동 학습이 될 수 있다.

놀이방법

1 네 명을 한 모둠으로 모둠끼리 협동 학습을 하도록 한다. 모둠마다 각각 A4 종이를 네 장씩 나눠준다. 한 장의 종이를 8등분하고 오려서 여덟 장의 종이로 만든다.

2 네 장의 종이에 문제를 하나 내는데 '세계의 여러 나라'에 관한 학습을 한다면 세 장의 종이에는 스페인과 관련된 단어를 적고 나머지 한 장의 종이에는 스페인과 전혀 관계가 없는 단어를 적는다. 다른 모둠에서 문제를 풀러 오면 네 장의 카드를 보여주고 관계가 없는 한 개의 거짓 카드를 찾게 한다. 각 모둠마다 서른두 개의 종이가 생기게 되므로 모둠마다 8개의 문제를 만들면 된다.

3 각 모둠마다 바둑알 열 개를 지급하고 게임을 시작한다. 신호가 울리면 각 모둠의 1번이 다른 모둠으로 문제를 풀러 가고, 나머지 세 명은 다른 모둠의 사람에게 문제를 낸다. 각 1번이 다른 모둠의 문제를 맞히면 그 모둠의

바둑알 한 개를 갖고 오고, 못 맞히면 바둑알을 갖고 오지 못한다.

4 각 모둠의 문제가 다 없어질 때까지 이렇게 돌아가며 문제를 푼다. 획득한 바둑알이 제일 많은 모둠이 우승한다.

11 사람 빙고

• **관련 단원** 5-1 사회 1단원, 5-2 사회 2단원, 6-1 사회 1단원, 6-2 사회 1단원
• **준비물** 팀 조끼

교실 가운데에 의자를 빙고 모양으로 놓고 문제를 맞히는 팀이 의자에 앉으면서 빙고를 만들어가는 활동이다. 팀 조끼의 색깔로 팀을 구별하고 오늘 학습한 내용의 문제를 풀면서 정리하면 좋다. 의자에 앉을 때는 상대 팀의 빙고를 막으면서 우리 팀의 빙고를 만들어가는 곳에 앉아야 유리하다.

놀이방법

1 반 전체의 학생을 두 팀으로 나누고 색깔이 다른 팀 조끼로 팀을 구별한다.

2 책상을 양옆으로 밀고 가운데 공간을 만든 다음 의자를 4×4의 형태로 놓

는다. 모든 학생들은 자기 책상 위에 앉는다.

3 오늘 학습한 내용 중에서 선생님이 내주는 문제를 맞히는 사람은 의자에 앉는데 우리 팀이 빙고를 만들기에 유리한 곳에 앉으면 된다.

4 다음 문제를 맞히는 사람이 또 의자에 앉는데 다른 팀의 빙고를 막으면서 우리 팀의 빙고를 만들기 유리한 곳에 앉는다. 의자에 앉아 있는 사람은 문제를 알아도 맞힐 수 없고 책상에 앉아 있는 사람만 맞힐 수 있다.

5 더 이상 앉을 자리가 없을 때까지 문제 풀기를 계속하고 빙고를 많이 만든 팀이 승리한다.

12 조세포탈

• **관련 단원** 5-1 사회 2단원, 5-2 사회 2단원, 6-1 사회 3단원, 6-2 사회 3단원
• **준비물** A4 종이, 바둑알, 바구니 두 개

네 명을 한 모둠으로 모둠별 활동을 하는데 모둠에서 세 명은 수입의 절반을 세금으로 내는 사람으로, 한 명은 수입에서 세금을 하나도 안 내는 사람으로 정하고 경제 활동을 한다. 손실이 있을 때 세금을 낸 사람은 세금에서 충당하고, 세금을 하나도 안 낸 사람은 자기의 재산에서 충당한다. 그리고 경제 활동이 끝났을 때 누구의 재산이 얼마나 남았는가 알아보면서 세금을 내는 사람과 세금을 하나도 안 내는 사람 중에서 어느 것이 더 좋은지 알아본다. 세금의 중요성을 체험하는 활동이다.

놀이방법

1 네 명을 한 모둠으로 나누고 모둠별로 책상을 붙여 앉는다. 모둠에서 세 명은 세금을 내는 사람으로 정하고, 한 명은 세금이 면제된 사람으로 정

한다. 바구니 두 개를 준비해서 노란색과 파란색 색종이를 붙여 구분해놓는다.

2 A4 종이를 한 장씩 나눠준다. 각자 A4 종이를 8등분하여 여덟 조각으로 자른다. 그러면 여덟 장의 종이 카드가 생긴다. 세 장의 종이 카드에는 각각의 종이에 수입이 생기는 내용과 금액을 적는다. 수입이 생기는 내용은 자동차 판매, 반도체 판매, 핸드폰 기술 전수 등으로 적고, 금액은 바둑알 한 개에서 열 개 사이의 수를 자유롭게 적는다. 다음 세 장의 종이 카드에는 각각의 종이에 지출이 생기는 내용과 금액을 적는다. 지출이 생기는 내용은 홍수, 지진, 화재, 해일 발생 등과 같은 자연재해를 적고, 금액은 바둑알 한 개부터 열 개까지 자유롭게 적는다. 한 장의 종이 카드에는 '한 번 쉬기'를 적고, 나머지 한 장의 종이 카드에는 '두 번 연속해서 뒤집기'를 적는다.

3 모둠원이 종이 카드를 모두 골고루 섞어서 책상 가운데에 글씨가 보이지 않게 엎어놓는다. 그리고 모두에게 바둑알 삼십 개씩 나눠준다. 세금을 내는 세 명은 자신의 재산 삼십 개 중에서 열다섯 개를 세금으로 낸다. 세금은 노란색 바구니에 담는다. 세금을 낸 사람들은 열다섯 개를 가지고 시작하고, 세금이 면제된 사람은 삼십 개를 가지고 시작한다. 파란색 바구니에는 많은 바둑알을 담아놓는다.

4 순서를 정하고 순서대로 가운데에 있는 카드 한 장을 갖고 온다. 세금을 내는 사람이 뽑은 카드의 내용이 '수입 다섯 개'라면 파란색 바구니에 있는 바둑알을 다섯 개 갖고 온다. 그리고 수입이 생겼을 때 항상 수입의 반은 노란색 바구니에 세금으로 낸다. 다섯 개는 반으로 쪼갤 수 없으니까 두 개를 내면 된다. 그런데 '지출 여섯 개' 카드를 뽑았다면 세금을 내는 사람은 모든 지출을 세금으로 충당하게 되므로 노란색 바구니에서 여섯

개를 갖고 와 파란색 바구니에 넣으면 된다. '한 번 쉬기'를 뽑으면 한 번 쉬고, 그다음 차례의 사람이 카드를 뽑는다. '두 번 연속해서 뒤집기'를 뽑으면 두 장의 카드를 연속해서 뽑고 각각의 카드 내용을 수행하면 된다.

5 세금이 면제된 사람이 뽑은 카드가 '수입 다섯 개'라면 파란색 바구니에 있는 바둑알을 다섯 개를 갖고 온다. 세금을 하나도 안 내고 다섯 개를 전부 자기가 갖는다. 그런데 '지출 여섯 개'를 뽑았다면 세금을 안 내는 사람은 모든 지출을 자기의 재산으로 충당하게 되므로 자기의 재산 중에서 여섯 개를 파란색 바구니에 넣으면 된다. '한 번 쉬기'와 '두 번 연속해서 뒤집기'는 위와 같다.

6 어느 한 사람이 재산을 모두 탕진하게 되면 게임을 마치고 그동안 갖고 있는 바둑알의 수를 세어 등수를 정한다. 그리고 역할을 바꿔서 처음부터 다시 활동한다.

13 대통령 맞히기

- **관련 단원** 5-1 사회 1단원, 5-2 사회 2단원, 6-1 사회 1단원, 6-2 사회 1단원
- **준비물** A4 종이

우리나라의 정치 발전 과정을 연대별로 그려보면서 민주주의가 발전하게 된 과정을 살펴보는 것은 무척 의미 있는 학습이다. 시대별로 일어난 사건이나 중요한 핵심 단어를 적어가며 학습한 후에 게임으로 이들의 시대를 알아내는 활동이다.

놀이방법

1 네 명을 한 모둠으로 편성하고 모둠별로 책상을 붙인다.

2 각 모둠에게 A4 종이 세 장씩 나눠준다. 각 모둠에서는 A4 종이 한 장을 여덟 조각으로 자른다. 그러면 모두 스물네 장의 카드가 생긴다.

3 각 카드에 역대 대통령 때 일어난 중요 사건이나 업적 등의 핵심 단어를 한 개씩 적는다. 한 카드에 한 단어씩 모두 스물네 개의 단어를 모둠에서 무엇을 적을지 의논해서 적는다. 모둠원들은 자기 모둠이 적은 단어가 어느 대통령 때 있었던 일인지 알고 있어야 한다.

4 카드를 모두 골고루 잘 섞은 후 책상 가운데에 글씨가 보이지 않게 엎어놓고, 카드를 한 장씩 가져와서 게임을 시작한다.

5 신호가 울리면 교실을 돌아다니며 다른 모둠의 사람을 만난다. 다른 모둠의 사람에게 내가 갖고 있는 카드의 단어를 읽어준다. 상대방이 카드에 적힌 사건의 대통령을 맞히면 문제의 카드를 맞힌 사람에게 주고, 못 맞히면

안 준다. 그리고 나도 상대방의 문제를 맞히면 그 카드를 갖는다.

6 카드를 뺏은 사람은 뺏은 카드를 우리 모둠의 책상에 저축해놓고, 또 다른 사람을 만나러 다닌다. 카드를 뺏긴 사람은 우리 모둠의 책상에 얹어놓은 카드 중에서 하나를 가져가서 활동을 계속한다.

7 제한된 시간이 지난 후 제일 많은 카드를 수집한 모둠이 승리한다.

14 청백 자석 빙고

- **관련 단원** 5-1 사회 1단원, 5-2 사회 1단원, 6-1 사회 1단원, 6-2 사회 1단원
- **준비물** A4 종이, 청색 자석, 백색 자석

반을 두 팀으로 나누고 한 팀에서는 공격 조와 수비 조로 나눈다. 공격 조는 상대방의 문제를 풀면서 전진하고, 수비 조는 문제를 계속 낸다. 공격 조가 문제를 풀면 한 칸씩 이동하면서 문제를 풀고, 모든 칸의 문제를 다 풀면 자석을 하나 얻어 빙고판에 붙인다. 빙고를 많이 만든 팀이 승리한다. 문제를 만들고 풀면서 학습이 될 뿐 아니라 틀린 문제는 다음에 돌아와 다시 맞히면 되는 반복 학습이 되는 활동이다.

놀이방법

1 각자에게 A4 종이를 한 장씩 나눠준다. 각자 A4 종이 한 장을 여섯 조각으로 자른다. 그리고 자른 종이에 오늘 배운 단원의 범위 안에서 문제를 만든다. 1인당 여섯 장이므로 여섯 개의 문제를 만들면 된다.

2 반 전체를 청팀과 백팀 두 팀으로 나눈다. 각 팀별로 문제를 내는 사람과 문제를 푸는 사람을 반씩 나눈다. 한 팀이 열 명이라면 다섯 명은 문제를 내는 사람, 다섯 명은 문제를 푸는 사람으로 정한다. 그리고 다른 팀과 시합을 하기 전에 같은 팀끼리 예행연습을 해본다. 문제를 내는 사람은 팀에서 만든 문제를 모두 모아 문제를 내고, 문제를 푸는 사람은 문제를 풀어본다.

3 각 팀의 문제를 내는 사람은 1번부터 5번까지 순서를 정하고, 문제를 푸는

사람도 1번부터 5번까지 순서를 정한다. 각 팀의 문제를 내는 사람들은 책상을 한 줄로 세워놓고 각자 여섯 개의 문제를 들고 의자에 앉는다. 문제를 푸는 사람은 상대 팀의 문제를 내는 사람의 책상 앞 출발선에 한 줄로 선다.

4 문제를 푸는 1번의 사람이 상대 팀 문제를 내는 사람 1번 앞에 가서 문제를 듣고 문제를 푼다. 문제의 답을 맞히면 2번 문제를 내는 사람 앞으로 이동한다. 문제를 맞히면 계속 해서 이동하고, 어느 곳에서든지 문제의 답을 못 맞히면 자기 줄의 맨 뒤로 다시 이동하여 처음 1번 문제부터 다시 시작한다. 만약 상대 문제 5번까지 모두 맞히면 4×4의 빙고판이 그려져 있는 칠판에 자기 팀의 자석을 붙인다. 청팀이면 청색 자석을, 백팀이면 백색 자석을 붙이면 된다. 그리고 다시 자기 팀의 맨 뒤에 서서 처음부터 다시 문제를 맞히면서 전진한다. 문제를 푸는 1번의 사람이 상대 팀 문제를 내는 사람 2번 앞에 가면 상대팀 문제를 내는 1번 책상에는 아무도 없으므로 문제를 푸는 2번 학생이 1번 문제를 풀면 된다. 이때 문제를 내는 학생은 이전과는 다른 문제를 골라서 출제할 수 있다.

5 빙고판에 더 이상 자석을 붙일 수 없을 때까지 계속한 후 빙고의 수를 기록한다. 그리고 각 팀의 문제를 내는 사람과 문제를 푸는 사람의 역할을 바꿔서 다시 한 번 더 2차 활동을 한 후 빙고의 수를 기록한다. 1차와 2차의 빙고 수를 합쳐서 승패를 가른다.

15 이어 말하기

- **관련 단원** 5-1 사회 2단원, 5-2 사회 1단원, 6-1 사회 1단원, 6-2 사회 1단원
- **준비물** 바둑알, 배턴

고려 시대에 관해 공부를 했다면 처음 사람이 고려와 관련된 단어를 말하고, 그 옆의 사람이 배턴을 넘겨받아서 고려와 관련된 다른 단어를 말하는 활동이다. 이렇게 이어달리기 하듯이 이어 말하다가 말이 끊기면 잠시 활동을 중지하고 처음부터 다른 키워드를 갖고 시작하는 놀이로 학습의 정리 단계에서 활용하면 좋다.

놀이방법

1 다섯 명을 한 모둠으로 책상을 붙여 모여 앉는다. 각자 모두에게 바둑알 열 개씩 나눠준다. 가위바위보로 술래를 한 명 정한다.

2 처음 시작은 술래가 하는데 술래가 이야기하고 싶은 키워드를 하나 정해 말해준다. 술래가 '고려'라고 말했다면 술래 오른쪽 옆에 있는 사람부터 고

려와 관련된 단어를 하나 말하면서 바둑알 한 개를 책상 가운데에 낸다. 예를 들어 그 옆에 있는 사람은 "청자"라고 말하면서 자기의 바둑알 한 개를 낼 수 있다.

3 돌아가면서 하다가 그 단어가 고려와 어떻게 관련이 있는지 의심이 가면 설명을 해달라고 부탁을 한다. 앞에서 말한 단어를 또다시 말하거나, 관련된 단어를 말하지 못할 때, 혹은 관련이 없는 단어를 말하면 냈던 바둑알을 회수하고 벌칙으로 가운데 놓여 있는 바둑알을 한 개 갖고 와야 한다. 그리고 틀린 사람이 새로운 술래가 되어 새로운 키워드를 말하면 게임을 계속한다.

4 바둑알을 모두 다 내서 하나도 없는 사람이 우승을 한다. 또는 제한된 시간이 지난 후 바둑알을 제일 적게 갖고 있는 사람이 우승을 한다. 우승자가 나오면 게임을 종료한다.

5 모둠을 새롭게 편성하여 처음부터 다시 시작한다.

16 거울 놀이

- **관련 단원** 5-1 과학 1단원, 6-1 과학 5단원
- **준비물** 거울, 500ml 우유

거울에 비친 모습을 따라 하거나 거울로 빛을 반사시켜 목표물을 비추는 활동이다.

01 거울에 비친 모습 따라 하기

1 두 명이 짝 활동을 한다. 가위바위보로 진 사람은 거울이 되어 이긴 사람의 행동을 따라 한다.

2 두 사람이 마주 보고 선다. 이긴 사람이 오른손을 올리면 진 사람은 왼손을 올리고, 이긴 사람이 오른발을 올리면 진 사람은 왼발을 올린다. 이긴 사람은 다양한 포즈를 취하며 재미를 더한다.

3 역할을 바꾸어 활동한다.

02 거울에 비친 글씨 쓰기

1 두 명이 짝 활동을 한다. 가위바위보로 진 사람은 이긴 사람이 쓴 글씨를 보고 거울 속의 글씨를 쓴다.

2 이긴 사람이 쓴 글씨 옆에 거울을 놓고 거울 속에는 어떤 모양의 글씨로 보이나 확인한다.

3 역할을 바꾸어 활동한다.

03 거울로 빛을 반사시키며 목표물 비추기

1 세 명을 한 모둠으로 모둠 활동을 한다.

2 예를 들어 태극기와 같이 교실 한 곳을 목표 지점으로 정한다.

3 모둠이 힘을 합쳐 거울로 태극기를 비추도록 한다. 1번 학생은 2번 학생 거울에 빛을 비추고, 2번 학생은 3번 학생 거울에 빛을 비추고, 3번 학생은 태극기에 빛을 비추도록 한다. 세 명의 학생이 갖고 있는 거울을 모두 활용해야 한다.

04 거울로 제시하는 상의 수 만들기

1 네 명을 한 모둠으로 협력 활동을 한다. 책상 네 개를 붙여놓고, 책상 가운데에 500ml 우유 한 개를 놓는다. 각자 한 개의 거울을 갖고 시작한다.

2 선생님이 제시하는 상의 수를 만드는 조가 1점을 획득한다. "다섯 개의 상을 만드세요." 하면 갖고 있는 거울을 잘 배치하여 다섯 개의 우유가 거울에 보이도록 한다.

17 풍선 탑 쌓기

• **관련 단원** 5-1 과학 1단원, 5-2 과학 1단원, 6-1 과학 5단원
• **준비물** 풍선, 종이접시, 신문지, A4 종이, 구부러진 빨대, 종이컵, 셀로판테이프

주어진 재료를 이용하여 풍선 탑을 높이 쌓는 활동으로 구조물을 높고 튼튼하게 쌓는 과정에서 창의력과 의사소통 능력을 키우는 놀이다. 한정된 자료를 어떻게 활용해야 튼튼하고 높은 탑을 쌓을 수 있을까 서로 의논해야 한다.

놀이방법

1 네 명을 한 모둠으로 모둠별 활동을 한다.

2 모둠마다 풍선 한 개, 종이접시 한 개, 신문지 한 장, A4 종이 두 장, 구부러진 빨대 네 개, 종이컵 한 개, 셀로판테이프 한 개를 각각 나눠준다.

3 꼭 주어진 재료만 활용하여 모둠별로 제일 높고 튼튼한 탑을 쌓도록 한다. 맨 아래에는 종이접시를, 맨 위에는 풍선을 놓도록 한다.

4 주어진 시간은 20분이고, 완성된 작품은 5분 이상 무너지지 않고 견뎌야 한다.

놀이의 팁 Tip

- 이 외에도 수수깡이나 빨대 열 개, 셀로판테이프 한 개, 종이컵 한 개, 구슬 열 개를 나눠주고 구슬을 넣은 종이컵을 가장 높이 쌓는 활동이나 마시멜로 한 개, 스파게티 스무 가닥, 종이테이프 100cm, 실 1m를 나눠주고 마시멜로를 제일 높이 올리도록 쌓는 활동을 할 수 있다.
- 무게가 있는 물건을 높이 올리려면 기초가 튼튼해야 한다는 것을 알려주고, 여러 가지 건축물의 모습을 수업 전에 보여주는 것이 좋다.

18 폭죽 놀이

- **관련 단원** 5-1 과학 1단원, 5-2 과학 1단원, 6-1 과학 5단원
- **준비물** 색종이, 풍선, 1.5리터 페트병, 고무밴드, 가위

생일 맞은 친구들의 생일 축하 파티를 할 때 활용하면 좋은 색종이 폭죽놀이다. 바람의 세기에 따라 색종이가 퍼지는 범위가 달라지는 이유를 알 수 있다.

놀이방법

1 색종이, 풍선, 1.5리터 페트병, 고무밴드, 가위를 준비한다.

2 페트병의 아래 부분에 큰 구멍이 생기도록 가위로 오려 밑부분을 제거한다. 페트병 윗부분의 작은 입구에 풍선을 끼우고 빠지지 않게 고무밴드로 조인다. 색종이를 작은 조각으로 찢어 풍선 속에 넣는다.

3 풍선을 잡아당긴 후 놓으면 풍선 속에 있는 색종이 조각이 불꽃놀이 하는 것처럼 하늘로 퍼지게 된다.

4 학생들의 생일 파티에 활용하면 좋다.

놀이의 팁 Tip

- 색종이 대신에 향을 피우고 연기를 받아 넣은 후에 같은 방법으로 하면 공기의 움직임을 한눈에 볼 수 있다.

19 생물의 특징 찾기

• **관련 단원** 5-1 과학 5단원, 5-2 과학 2단원, 6-1 과학 1단원
• **준비물** A4 종이

모둠별로 의논하면서 다양한 생물의 특징을 찾아내는 협동 학습이다. 우리 모둠에서 쓴 것과 다른 모둠에서 쓴 것을 비교하면서 생물의 다양한 특징에 대해 알아갈 수 있는 활동이다.

놀이방법

1 네 명을 한 모둠으로 책상을 배치한다. 모둠별로 A4 종이를 두 장씩 나눠준다. 각 모둠은 A4 종이 한 장을 8등분하여 자른다. 그러면 모둠별로 모두 열여섯 장의 카드가 생긴다.

2 모둠별로 카드 네 장에는 곰팡이의 특징을 각각 한 개씩 적는다. 네 장 모두 다른 내용으로, 한 장에 한 가지씩 적는다. 다른 카드 네 장에는 버섯의 특징을 한 개씩 적고, 다른 네 장에는 짚신벌레의 특징을, 다른 네 장에는 세균의 특징을 적는다.

3 적은 종이는 글씨가 안 보이게 두 번 접고, 교실 가운데에 있는 바구니에 모두 담는다.

4 모둠별로 순서를 정하고 1번부터 4번까지 바구니에서 카드 한 장을 갖고 온다. 같은 생물의 특징을 나타내는 카드를 모둠별로 네 장을 모아야 한다. 처음부터 다시 1번부터 바구니에서 한 장의 카드를 갖고 오는데 이때는 필요 없는 카드를 바구니에 반납하고 새로운 카드를 갖고 온다.

5 모둠은 다섯 장 이상의 카드를 갖고 있으면 안 된다. 네 장 모두 같은 생물의 특징을 고를 때까지 계속 반복한다. 모둠이 갖고 있는 네 장이 모두 같은 특징을 표현하는 것이면 선생님에게 확인을 받고 네 장을 갖는다. 그리고 순서대로 새로운 카드를 한 장씩 또 가져온다. 제한된 시간 동안 많은 카드를 모은 모둠이 우승한다.

20 전류 흐름의 빠르기 체험

- **관련 단원** 5-2 과학 1단원, 6-2 과학 1단원, 5,6학년 체육 건강 활동, 도전 활동
- **준비물** 뜀틀, 훌라후프, 줄넘기

전지를 직렬로 연결했을 때와 병렬로 연결했을 때의 전류 흐름의 차이점을 알아보는 활동이다. 체육 융합 활동을 통해 어느 것이 더 빨리 전류가 흐르는지 느껴보는 체험 학습이다.

놀이방법

1 전체 학생을 직렬 모둠과 병렬 모둠의 두 모둠으로 나눈다. 직렬 모둠은 직렬 모둠의 출발선에 한 줄로 서고, 병렬 모둠은 병렬 모둠의 출발선에 한 줄로 선다.

2 직렬 모둠은 출발선에서 10m 앞에 있는 뜀틀을 넘고, 출발선에서 20m 앞에 있는 훌라후프를 열 번 돌린 다음, 출발선에서 30m 앞에 있는 줄넘기를 열 번 넘고 반환점을 돌아와야 한다. 그러나 병렬 모둠은 출발선에서 20m 앞에 있는 미션의 뜀틀 넘기, 훌라후프 열 번 돌리기, 줄넘기 열 번 넘기 중에서 자기가 하고 싶은 것을 하나만 하고 반환점을 돌아오면 된다. 출발하기 전에 직렬 모둠과 병렬 모둠이 가야 할 길을 흰색 선으로 표시해 주는 것이 좋다.

3 모두 출발선에 서서 신호가 울리면 맨 앞사람부터 미션을 수행하고 반환점을 돌아와 다음 사람과 터치하는 릴레이 경기를 한다. 제일 먼저 돌아오는 모둠이 우승한다.

놀이의 팁 Tip

- 모둠의 위치를 바꿔서 경기해본다. 전지의 직렬연결은 전류의 세기가 크지만 오래 사용할 수 없고, 전지의 병렬연결은 전류의 세기가 약하지만 오래 사용할 수 있다는 것도 알려준다.
- 직렬연결에는 뜀틀과 줄넘기 두 종류의 기구만 놓고 남학생은 직렬연결의 미션을 수행하고, 여학생은 병렬연결의 미션을 수행하도록 하면 여학생 모둠과 남학생 모둠으로 나눠서 시합을 할 수 있다.

21 환경과 먹이사슬

• **관련 단원** 5-1 과학 5단원, 5-2 과학 2단원
• **준비물** A4 종이

자연은 먹이사슬에 의해 자연적으로 개체 수가 조절되고 있다. 그러나 환경의 오염으로 인해 생태계가 파괴된다면 어떤 일이 벌어질까? 매가 참새를 잡아먹을 수 있지만 오염된 참새를 먹으면 매가 죽게 되는 현상을 게임을 통해 알아보는 활동이다.

놀이방법

1 전체 학생을 두 모둠으로 나눈다. 한 모둠은 교실 앞쪽에 본부를 두고, 다른 한 모둠은 교실 뒤쪽에 본부를 두어 모여 앉는다.

2 매, 참새, 사마귀, 메뚜기의 동물 카드를 만든다. 먹이사슬의 상위 포식자는 수를 적게 하고 하위 포식자는 수를 많게 한다. 예를 들어 한 모둠이 열세 명이라고 가정하면 메뚜기 카드를 여섯 장 만들고, 사마귀 카드를 네

장, 참새 카드를 두 장, 매 카드를 한 장 만든다. 메뚜기 카드 여섯 장 중에서 두 장은 오염된 메뚜기 카드로 만들고, 사마귀 카드 네 장 중에서 한 장은 오염된 사마귀 카드로 만든다. 모둠별로 골고루 한 장씩 나눠 갖는다. 같은 모둠끼리는 언제든지 카드를 교환할 수 있다.

3 시작 신호가 울리면 상대 모둠 사람을 잡는다. 잡힌 사람은 더 이상 움직이면 안 된다. 잡은 사람과 잡힌 사람은 서로 마주 보고 "하나 둘 셋" 하면서 자기가 갖고 있는 카드를 동시에 보여준다. 두 사람이 만나고 있으면 아무도 이 두 사람을 잡을 수 없다. 사마귀 카드를 갖고 있는 사람은 메뚜기 카드를 가져갈 수 있고, 참새 카드를 가진 사람은 사마귀와 메뚜기 카드를 가져갈 수 있다. 그리고 매 카드는 참새, 사마귀, 메뚜기를 갖고 갈 수 있다. 그러나 오염된 동물을 만나면 오염된 동물에게 내 카드를 빼앗긴다.

4 같은 카드끼리 만나면 가위바위보를 하여 이긴 사람이 카드를 가져간다. 카드를 빼앗긴 사람은 두 장의 카드를 갖고 있는 같은 편 친구에게 카드 한 장을 얻어서 활동을 계속할 수 있다. 그러나 카드를 얻지 못하면 자기 자리에 앉아서 활동이 끝날 때까지 기다린다. 같은 편끼리는 카드를 항상 바꿔가며 활동할 수 있으며 두 장의 카드를 갖고 있는 사람은 카드를 내밀 때 두 장의 카드 중에서 아무거나 하나를 낼 수 있다.

5 제한된 시간이 지난 후 카드를 많이 모은 팀이 승리한다.

22 짝 짓기 활동

- **관련 단원** 6-1 과학 4단원, 6-2 과학 4단원
- **준비물** A4 종이(노란색, 파란색)

여러 개의 카드 중에서 식물의 구조를 설명하는 카드와 식물의 기능을 설명하는 카드가 일치하는 것을 고르는 활동이다. 식물의 명칭과 그것이 하는 일을 카드로 만들면서 자연스럽게 학습하는 놀이이다. 우리 몸의 구조와 기능의 단원에서도 같은 활동을 할 수 있으며 만들어진 문제를 푸는 것보다는 문제를 만드는 과정이 더 중요하다는 것을 알아갈 수 있다.

놀이방법

1 네 명을 한 모둠으로 모둠별로 책상을 붙인다. 각 사람마다 파란색과 노란색 A4 종이를 한 장씩 나눠준다. 각 종이를 여덟 조각으로 자른다. 파란색 A4 종이 한 장에는 식물의 구조를 각각 하나씩 적고, 노란색 A4 종이 한 장에는 식물의 구조가 하는 일을 각각 하나씩 적는다. 적을 것이 없으면 같은 것을 두 번 적어도 된다.

2 네 명이 적은 파란색 카드를 모두 섞어 책상 가운데에 글씨가 보이지 않게 엎어놓고, 노란색 카드를 모두 섞어 그 옆에 놓는다.

3 순서대로 돌아가면서 다른 친구들은 보지 못하게 하며 노란색 카드 한 장을 갖고 온다. 내 차례가 되면 파란색 카드 한 장을 갖고 온다. 두 장의 카드를 비교해보고 식물의 기능과 하는 일이 일치하면 두 장의 카드를 내 앞에 내려놓고 내가 갖는다. 내가 갖는 카드는 한 장에 1점씩 획득하게 된다.

4 다음 내 차례 때 또 한 장의 카드를 갖고 온다. 그러나 두 장의 카드가 일치하지 않으면 다음 차례 때 아무거나 한 장의 카드를 책상 가운데 바닥에 글씨가 보이게 내려놓고 다른 한 장의 카드를 갖고 온다. 노란색 카드를 내려놓았으면 노란색 카드를 갖고 오고, 파란색 카드를 내려놓으면 파란색 카드를 갖고 오면 된다. 파란색 카드를 교환할지 노란색 카드를 교환할지는 바닥에 놓인 카드를 보고 잘 선택해야 한다.

5 갖고 갈 카드가 없으면 바닥 가운데에 있는 카드를 잘 섞어 엎어놓고 시작하면 된다. 카드가 모두 없어질 때까지 활동을 계속하고 활동을 마친 후 카드를 제일 많이 획득한 사람이 승리하게 된다.

23 짝 카드

- **관련 단원** 5-1 과학 5단원, 6-1 과학 4단원, 6-2 과학 4단원
- **준비물** A4 종이

여러 개의 카드 중에서 우리 몸의 구조를 나타내는 카드와 그 기능을 나타내는 카드가 일치하는 것이 있으면 그 카드를 내려놓는 활동이다. 손에 든 모든 카드를 제일 먼저 내려놓는 사람이 승리하게 된다. 문제를 푸는 것보다는 문제를 만드는 과정이 더 중요한 놀이다.

놀이방법

1 네 명을 한 모둠으로 모둠별로 책상을 붙인다.

2 각 사람마다 A4 종이 한 장씩 나눠준다. 종이 한 장을 여덟 조각으로 자르면 모두 여덟 장의 종이 카드가 생긴다.

3 자른 종이 한 장에는 몸의 기관을 적고, 또 다른 종이에는 그 기관이 하

는 일을 적는데 하는 일이 여러 가지라도 종이 한 장에는 한 가지씩만 적는다. 예를 들어 종이 한 장에 '입'이라고 적었다면, 입이 하는 일이 여러 가지 있더라도 한 가지씩 적어야 하므로 또 다른 종이 한 장에는 '음식물을 잘게 부순다.'라고 적고, 또 다른 종이 한 장에는 '음식을 혀로 섞는다.'를 적는다. 그리고 또 다른 한 장에는 '침으로 물러지게 한다.', 또 다른 한 장에는 '삼킬 수 있도록 한다.'라고 적는다. 그럼 모두 다섯 장의 종이를 사용하게 된다. 이렇게 여덟 장의 종이에 몸의 기관과 하는 일을 적고 싶은 것으로 다 적는다. 다 적었으면 옆의 친구와 돌려가며 친구가 적은 것이 무엇인지 확인한다.

4 적은 카드를 모두 골고루 섞어 책상 가운데에 글씨가 보이지 않게 쌓아놓고 한 사람당 네 장씩 갖고 간다.

5 순서를 정하고 1번부터 오른쪽으로 돌아가면서 내가 내려놓고 싶은 카드의 글씨를 읽으면서 글씨가 보이게 책상 가운데에 내려놓는다. 나에게 같은 짝이 되는 카드가 있으면 두 장이든 세 장이든 한꺼번에 내려놓을 수 있다. 예를 들어, '입' 카드와 '음식을 혀로 섞는다.'라는 카드가 있으면 이 두 개의 카드는 짝이 되므로 둘 다 내려놓으면 된다. 다른 친구들도 '입'과 짝이 되는 카드가 있으면 자기 카드를 읽으면서 내려놓으면 된다. 그러나 내려놓을 카드가 한 장도 없으면 쌓여 있는 카드 중에서 맨 위의 카드를 한 장 더 갖고 와야 한다. 갖고 온 카드가 '입'과 짝이 되면 내려놓을 수 있지만 아니면 갖고 있어야 한다. 1번이 끝나면 2번이 내려놓고 싶은 카드를 내려놓는다.

6 갖고 있는 모든 카드를 제일 먼저 다 내려놓은 사람이 우승한다. 그러면 활동을 멈추고 적게 갖고 있는 사람부터 다음 등수를 정한다. 모든 카드를 골고루 잘 섞은 다음 활동을 다시 시작한다.

놀이의 팁 Tip

- 카드 중에는 '왼쪽으로 돌아가기', '한 사람 건너뛰기', '무조건 세 장 내려놓기' 등 게임의 흥미를 돋우는 규칙 카드를 만들 수 있다.
- 우리 모둠의 카드와 다른 모둠의 카드를 교환하여 활동하면 다른 모둠이 만든 문제를 풀면서 반복 학습이 될 수 있다.

24 텔레파시

- **관련 단원** 5-2 과학 4단원, 6-1 과학 5단원, 6-2 과학 5단원
- **준비물** A4 종이

일상생활에서 이용되는 다양한 에너지의 형태를 찾아보고 그 에너지가 어떻게 이용되고 있는지 알아보는 놀이다. 다양한 형태의 에너지를 이용하는 예를 찾는데 다소 어려움을 느낄 수 있으므로 컴퓨터나 스마트폰과 같은 매체를 활용하는 것도 좋다. 문제를 푸는 것보다는 문제를 만드는 과정에서 많은 것을 배울 수 있는 활동이다.

놀이방법

1 네 명을 한 모둠으로 하여 모둠별로 책상을 붙인다. 각 사람마다 A4 종이를 한 장씩 나눠준다. 종이 한 장을 여덟 조각으로 자르면 모두 여덟 장의 종이가 생긴다. 자른 종이 두 장에는 열에너지가 활용되는 예를 각각 한 가지씩 모두 두 가지를 적고, 다른 종이 두 장에는 위치에너지의 활용 예를, 다른 종이 두 장에는 빛에너지의 활용 예를, 두 장에는 전기에너지의 활용 예를 적는다.

2 모둠끼리 서로 돌려가며 다른 사람이 쓴 것을 확인한다. 겹치는 것은 다른 것으로 고쳐 쓸 수 있다.

3 모둠에서 쓴 종이 카드를 모두 골고루 섞어서 책상 가운데에 글씨가 안 보이게 쌓아놓는다. 그리고 한 장씩만 손에 쥐고 활동을 시작한다. 내가 갖고 다니는 한 장의 카드는 언제든지 같은 모둠의 카드와 바꿀 수 있다.

4 신호가 울리면 교실을 돌아다니며 다른 친구 한 사람을 만난다. 그리고 가위바위보를 하여 이긴 사람이 다른 친구가 갖고 있는 카드가 어떤 에너지의 사용 예인지 추측하여 맞힌다. 열에너지, 위치에너지, 빛에너지, 전기에너지의 네 가지 중에서 한 가지를 이야기하면 된다. 맞히면 친구가 갖고 있는 카드를 갖는다. 맞히지 못하면 둘이 헤어지고 다른 친구를 만난다. 이긴 사람에게만 추측할 수 있는 기회가 주어진다. 다른 친구에게 뺏은 카드는 우리 카드 밑에 놓는다.

5 다른 친구에게 카드를 빼앗겼으면 우리 카드 중에서 하나를 또 가지고 다니면서 활동하면 된다.

6 제한된 시간이 흐른 후 제일 많은 카드를 모은 모둠이 우승을 하게 된다. 에너지의 종류를 바꿔가며 또 다른 활동을 할 수 있다.

지도서와 함께 보는

교과서 단원별 놀이 총정리

초등 교육에서 도덕 교과는 학생들을 건전한 인성을 가진 사람다운 사람으로 기르고
민주 사회의 한 구성원으로서 제 몫의 일을 해내는
어른으로 자랄 수 있도록 도움을 주는 과목입니다.
학교 폭력이 점점 심각해지는 요즘, 그래서 올바른 인성교육은 더욱 중요합니다.
바른 인성을 기르고 양보심과 배려심을 배우는 여러 놀이를 소개합니다.
학교 폭력을 미연에 방지하는 데 도움이 되어줄 것입니다.

Part 4

도덕 수업 놀이

5 도덕

6 도덕

01 천사와 악마 역할극 하기

• **관련 단원** 5학년 도덕 5단원, 6학년 도덕 6단원

학교 폭력 예방을 위한 역할극에 잘 맞는 수업이다. 천사는 좋은 방법으로 해결하기 위한 방법을 제시하고, 악마는 더 나쁜 상황으로 몰고 가는 방법을 제시한다. 그러면 역할을 담당하는 사람이 천사가 제시하는 방법으로 역할극을 하는 것이다. 학급에서 다툼으로 번질 수 있는 상황을 설정하면 즐거운 학급을 만드는 데 도움이 된다. 천사의 말을 듣는 것이 큰 유익이라는 것을 느끼게 하는 데 활동의 목적이 있다.

놀이방법

1 네 명을 한 모둠으로 모둠 활동을 한다.

2 한 명은 가해자, 한 명은 피해자, 한 명은 천사, 한 명은 악마의 역할을 정한다. 모둠에서 연출할 상황을 정한다.

3 예를 들어 가해자가 피해자를 때리고 괴롭히는 역할극을 했다면 악마는 가해자를 칭찬하며 발로 차고 더 괴롭히라고 독려한다. 천사는 가해자에게 괴롭히지 말고 같이 사이좋게 지내라고 말한다.

4 가해자는 천사의 말을 듣고 역할극을 다시 한다.

놀이의 팁 Tip

- 다른 사람들은 이야기를 들으며 궁금한 것을 질문할 수 있다.
- 슬펐던 기억부터 이야기하고 기뻤던 기억을 이야기하면 좋은 느낌으로 수업을 마칠 수 있다.

02 나의 고민 이야기하기

- **관련 단원** 5학년 도덕 6단원, 6학년 도덕 2단원
- **준비물** A4 종이

작은 문제가 큰 문제로 확산되는 것을 미연에 방지하는 좋은 방법은 친구들과 나의 고민을 이야기하는 것이다. 나의 고민을 친구들과 나누는 것만으로도 고민이 해결되는 경우가 많다. 그러나 친구들에게 자신의 고민을 이야기하기가 쉽지 않은 학생들이 있다. 이번 놀이는 자연스럽게 고민을 이야기할 수 있는 분위기를 조성하는 활동이다. 친구들과 이야기하면서 친해질 수 있고, 친구를 이해하는 데 도움을 준다.

놀이방법

1 네 명을 한 모둠으로 모둠별로 모여 앉는다.

2 각자 A4 종이를 한 장씩 갖고, 자기 얼굴을 크게 그린다. 머리, 눈, 코, 입, 귀를 그리면 된다. 머리 부분에 요즘 나의 머릿속에 자리 잡고 있는 고민들이 무엇인지 간단하게 적는다.

3 돌아가며 나의 고민을 모둠 친구들에게 이야기한다.

4 다른 사람들은 친구의 고민을 듣고 친구의 그림 여백에 격려의 말이나 용기의 말을 적어준다.

놀이의 팁 Tip

- 자주 고민하고 있는 것은 동그라미로 표시를 하거나 글씨를 크게 쓰고, 가끔 생각하는 것은 작은 글씨로 쓰도록 한다. 고민을 솔직하게 나누도록 한다.

03 친구와 나의 공통점과 다른 점

- **관련 단원** 5학년 도덕 2단원, 6학년 도덕 3단원
- **준비물** A4 종이

친구와 나와 공통점과 다른 점을 이야기하면서 서로의 다른 점을 인정해 주고자 하는 활동이다. 다르다는 것은 틀린 것이 아니라는 것을 알고, 나와 다른 친구를 인정하고 존중해주며 다른 친구를 받아들이는 자세를 배울 수 있다.

놀이방법

1. 짝과 이야기를 나누는 짝 활동이다.
2. 둘이 A4 종이를 한 장씩 갖는다. 종이에 사람 얼굴 두 개를 겹치게 그린다. 한 사람은 왼쪽을 보고 있는 얼굴의 그림을 그리고, 다른 한 사람은 오른쪽을 보고 있는 얼굴의 옆면을 그린다. 사람 얼굴의 반은 겹치도록 그린다.
3. 좋아하는 동물은 무엇인지, 성격은 어떤지, 가족은 몇 명인지, 잘하는 것은 무엇인지, 어떤 음식을 좋아하는지, 친한 친구는 누구인지, 좋아하는 과목은 무엇인지 등 서로 묻고 답한다. 친구와 이야기를 나누며 나와 공통점은 무엇이며 다른 점은 무엇인지 찾는다.
4. 겹치는 부분에는 짝과 나의 공통점을 적고, 겹치지 않은 부분에는 친구와 나의 다른 점을 적는다.
5. 두 명씩 앞에 나와 많은 친구들 앞에서 발표하고, 교실 뒤 게시판에 게시한다.

04 인생 드라마

• **관련 단원** 5학년 도덕 2단원, 6학년 도덕 3단원
• **준비물** 붙임종이

나의 지난 시절에 관한 이야기를 나누는 활동으로 친구를 이해할 수 있을 뿐 아니라 바른 자세로 말하는 능력을 키우는 활동이다. 사람의 성격은 하루아침에 형성되는 것이 아니다. 많은 환경의 요인으로 긍정적으로 또는 부정적으로 성격이 형성된다. 말없이 외톨이로 지내는 학생이 있다면 그 학생은 친구들이 다가가지 않으면 친구를 사귀기도 쉽지 않을 것이다. 친구가 겪은 지난 일들을 듣고 친구의 마음을 이해하며 친하게 지내고자 하는 데 도움이 되는 놀이이다.

놀이방법

1 네 명을 한 모둠으로 모둠별로 모여 앉는다.
2 붙임종이를 1인당 세 장씩 나눠준다. 지금까지 살아오면서 기억에 남는 사건, 장소, 사람을 생각해본다.
3 붙임종이 종이 한 장에는 기억에 남는 사건을 적고, 한 장에는 장소, 한 장에는 기억에 남는 사람을 적는다.
4 모둠별로 돌아가며 내가 왜 이것을 적었는지 적게 된 이유를 설명한다. 듣는 사람들은 궁금한 것을 질문할 수 있다.

05 용서의 점수

• **관련 단원** 5학년 도덕 1단원, 6학년 도덕 4단원, 5-1 국어 6단원, 6-1 국어 8단원
• **준비물** A4 종이

다른 사람들을 용서하는 용서의 점수가 얼마인가 알아보는 놀이다. 용서를 점수로 측정할 수 없지만 어느 단계에 속하는지 가늠해보는 활동이다.

놀이방법

1 다섯 명을 한 모둠으로 모둠별 활동을 한다.

2 장발장의 다음 이야기를 듣고 내가 장발장이라면 경찰을 용서할 수 있을까 생각해본다. (예 : 일곱 명의 조카를 부양하던 장발장은 굶고 있는 조카를 위해 빵 한 조각을 훔치게 된다. 이것을 발견한 경찰은 장발장을 체포한다. 장발장은 조카를 살리기 위해 나도 모르게 빵 한 조각을 훔치게 되었는데 용서해준다면 다시는 안 그러겠노라고 한다. 내가 감옥에 가면 조카들은 다 굶어죽게 될 것이니 용서해달라고 사정을 하지만 경찰은 결국 장발장을 감옥에 넣고 만다.)

3 내가 비록 죄를 지은 장발장이지만, 진심으로 참회하는데 경찰이 외면했다면 아래의 어느 점수만큼 경찰을 용서할 수 있을까 선택한다.

- 1점 : 출옥한 후에 경찰을 찾아가 복수를 한 다음 용서를 할 것이다.
- 2점 : 경찰이 내 조카들을 먹여 살린다면 용서할 것이다.
- 3점 : 많은 사람들이 용서하며 살아야 하는 것이 인간의 도리라고 말하니까 용서하기 싫지만 어쩔 수 없이 용서할 것이다.
- 4점 : 용서를 해야 내 마음이 더 편해지니까 용서할 것이다.
- 5점 : 경찰은 자기 의무를 다 했을 뿐 죄가 없으니까 용서할 것이다.
- 6점 : 원수도 사랑하라고 했으니 용서할 것이다.

4 모둠원의 점수를 합하여 평균을 내본다. 나의 점수가 모둠원의 평균보다 높은지, 낮은지 확인해본다. 활동 후 느낀 점을 나눈다.

놀이의 팁 Tip

- 점수를 확인한 후에 내가 경찰이었다면 '어떻게 했을 것인가? 왜 그렇게 했을 것인가?'에 대한 의견을 나누도록 한다.

06 왕따 체험

• **관련 단원** 5학년 도덕 2단원, 6학년 도덕 6단원

학교 폭력 예방교육으로 왕따를 체험하는 놀이다. 직접 따돌림의 고통을 경험해보면서 피해자의 심정을 이해할 수 있는 활동이다. 마음이 약한 학생들은 울음을 터뜨리는 경우가 있으므로 처음에는 체험하고 싶어 하는 희망자를 뽑아 시범을 보이고 시작하는 것이 좋다.

01 언어 왕따

1 대여섯 명을 한 모둠으로 모둠 활동을 한다.

2 술래를 한 사람 정하고 술래의 눈을 가린다. 나머지 학생들이 술래를 둥글게 감싸고 선다.

3 역할극의 상황을 만들어준다. (예 : 우리는 지금 친구의 생일파티 장소에 있습니다.)

4 주변 사람들은 술래가 들어서 기분 나쁜 말을 하도록 한다. 돌아가며 해도 좋고, 무작위로 하고 싶은 사람이 해도 좋다. (예 : 너는 초대도 안 했는데 왜 왔어?, 너 빠져. 재수 없어. 야, 더럽다. 손 씻자, 병균 옮긴다 등) 자기 목소리를 다른 목소리로 바꾸어 말할 수 있다.

5 술래는 아무런 반응을 하지 않고 듣기만 한다.

6 정해진 시간에 마친다. 술래를 바꾸어 활동한다.

놀이의 팁 Tip

- 아이들은 상황극이라는 것을 알면서도 쉽게 흥분할 수 있다. 그러므로 선생님은 학생들에게 진짜 상황이 아니고 우리는 역할극을 하고 있는 것이니까 화를 내거나 맞대응하거나 울면 안 된다는 것을 주지시켜야 한다.
- 나쁜 말을 전혀 하지 못하는 학생이 있으면 안 하게 해도 된다.
- 돌아가며 활동을 한 후 기분 나쁜 마음이 들었을 때의 느낌을 이야기하게 한다.

02 물리적 왕따

1 대여섯 명을 한 모둠으로 모둠 활동을 한다. 술래를 한 사람 정하고 술래의 눈을 가린다.
2 나머지 학생들이 술래를 둥글게 감싸고 선다.
3 주변 사람들은 말을 하지 말고, 술래가 기분 나쁠 정도의 물리적 힘을 가한다. 돌아가며 해도 좋고, 무작위로 하고 싶은 사람이 해도 좋다. (예 : 손가락으로 머리를 찌른다, 손가락으로 등을 누른다, 손바닥으로 다리를 민다 등)
4 술래는 아무런 반응을 하지 않는다.
5 정해진 시간에 마친다. 술래를 바꾸어 활동한다.
6 돌아가며 활동을 한 후 느낌을 이야기하게 한다.

- 다칠 수 있으므로 절대로 때려서는 안 된다. 기분 나쁠 정도로만 약한 물리적 행동을 하면 된다.

03 독 안에 든 쥐

1 대여섯 명을 한 모둠으로 모둠 활동을 한다. 술래를 한 사람 정하고 눈을 가린 후 바닥에 쪼그려 앉게 한다.

2 나머지 학생들은 술래를 포위하여 선 후 옆 사람과 팔짱을 낀다.

3 술래는 앉아서 포위망을 뚫고 나온다. 주변 사람들은 술래가 나오지 못하도록 힘을 합쳐 막는다. 다칠 수 있으므로 절대로 발로 차거나 때리면 안 된다는 것을 주지시킨다.

4 1분 정도 활동을 한 후 마친다. 술래를 바꾸어 활동한다.

5 돌아가며 활동을 한 후 친구들이 못 빠져 나오게 했을 때 느낀 그 기분을 이야기한다.

04 따돌림 대화

1 대여섯 명을 한 모둠으로 모둠 활동을 한다. 모둠 책상으로 둘러앉고, 술래를 한 명 정한다.

2 술래만 빼고 '친구 생일 파티에 같이 가자'는 주제로 귓속말로 대화를 전

달한다.

3 술래만 빼고 '점심시간에 놀이터에서 만나자'는 대화를 쪽지로 전달한다.

4 따돌림 당했을 때의 느낌을 이야기한다. 술래를 바꾸어가며 활동한다.

07 사랑 체험

• **관련 단원** 5학년 도덕 2단원, 6학년 도덕 2단원, 5-1 국어 10단원, 6-1 국어 7단원

학교 폭력 예방교육으로 사랑을 체험하는 놀이다. '06. 왕따 체험' 활동 후 바로 하는 것이 효과적이다. 친구의 격려와 관심이 얼마나 큰 위로가 되는지 직접 체험하는 활동으로 다툼이 있고 난 후 활용하기에도 좋은 활동이다.

01 언어의 사랑 체험

1 대여섯 명을 한 모둠으로 모둠 활동을 한다. 술래를 한 사람 정하고 술래의 눈을 가린다.

2 나머지 학생들이 술래를 둥글게 감싸고 선다. 역할극의 상황을 만들어 준다. (예 : 친구의 생일파티 장소에서)

3 주변 사람들은 술래가 들어서 기분 좋을 말을 하도록 한다. 돌아가며 해도 좋고, 무작위로 하고 싶은 사람이 해도 좋다. (예 : 네가 와줘서 정말 고맙다, 이 자리가 너 때문에 빛난다, 너는 참 예쁘다, 너는 마음이 참 착해, 너는 보면 즐거워 웃음이 나와, 너를 알게 돼서 행복해, 우리 사이좋게 지내자 등)

4 술래는 아무런 반응을 하지 않고 듣기만 한다.

5 정해진 시간에 마친다. 술래를 바꾸어 활동한다.

6 활동을 모두 마친 후 느낌을 이야기한다.

02 물리적 사랑 체험

1. 대여섯 명을 한 모둠으로 모둠 활동을 한다. 술래를 한 사람 정하고 술래의 눈을 가린다. 나머지 학생들이 술래를 둥글게 감싸고 선다.
2. 주변 사람들은 말을 하지 말고, 술래가 기분 좋을 정도의 물리적 행동을 한다. (예 : 팔로 술래를 안아준다, 술래를 업어준다, 술래의 손을 잡고 체온을 느껴본다, 술래의 오른손을 높이 들어 올린다, 술래에게 박수를 친다 등)
3. 술래는 아무런 반응을 하지 않는다.
4. 정해진 시간에 마친다. 술래를 바꾸어 활동한다.
5. 돌아가며 활동을 한 후 느낌을 이야기한다.

08 방관자 역할 놀이

• **관련 단원** 5학년 도덕 2단원, 6학년 도덕 2단원, 5학년 미술 1단원, 6학년 미술 1단원
• **준비물** 미술 시간에 만든 '멈춰' 피켓

학교 폭력을 예방하기 위한 활동으로 방관자 역할을 해보고, 방관자가 어떻게 해야 학교 폭력을 없앨 수 있는지 터득하는 역할 놀이이다. 학교 폭력에 대한 심각성과 위험성을 느끼게 하고 폭력을 예방하는 데 방관자가 큰 역할을 하고 있다는 것을 깨닫게 한다.

놀이방법

1 대여섯 명을 한 모둠으로 모둠 활동을 한다.
2 가해자 한 명과 피해자 한 명을 정한다. 그리고 나머지는 방관자 역할을 한다.
3 역할극 상황을 만들어준다. (예 : 놀이터에서 가해자 학생이 피해자 학생을 괴롭히고 있습니다. 주변에 있는 학생들은 못 본 척하며 자기네들끼리 놀고 있습니다.) 가해자

가 피해자를 괴롭히는 역할을 하게 한다. 언어 폭력이나 물리적 폭력을 하는 흉내를 낸다. 나머지 학생들은 구경만 하거나 모른 척하게 한다.

4 제한된 시간이 흐르고 선생님의 신호가 울리면 방관자들은 미술 시간에 만든 '멈춰', '우리는 친구' 같은 피켓을 들고 괴롭히는 학생을 향해 일제히 "멈춰!" 하고 소리친다. 그리고 피해자를 안아준다.

5 역할을 바꾸어가며 활동한다. 활동을 한 후 느낌을 이야기한다. 방관자가 해야 할 일이 무엇인지 상기시킨다.

09 너를 칭찬해

- **관련 단원** 5학년 도덕 2단원, 6학년 도덕 3단원
- **준비물** A4 종이

나에게 어떤 장점이 있고, 어떤 칭찬거리가 있는지 친구들이 기록한 글을 보고 알아보는 놀이다. 칭찬을 받았을 때의 기분을 이야기하며 다른 사람들을 칭찬할 수 있도록 하는 활동이다. 자존감을 높이고 친구를 이해하는 데 도움이 된다.

놀이방법

1 학생 수만큼 종이를 준비한다. 종이 맨 위에 '너를 칭찬해'라는 제목을 쓰고, 가운데에는 원을 그린 후 원 안에 내 이름을 쓴다.

2 선생님이 "시작!" 하고 구호를 외치면 학생들은 돌아다니며 아무나 만나 가위바위보를 한다. 가위바위보에 진 학생들은 상대방의 쪽지에 친구의 칭찬을 한 문장 써준다.

3 정해진 시간이 지난 뒤 내 쪽지의 글들을 읽어본다.

4 나에게 어떤 장점이 있는지 살펴보고 나의 장점을 더 개발하고자 하는 마음을 다진다.

5 교실 뒤 게시판에 게시하고 친구의 장점도 알아본다.

10 통일의 탑

- **관련 단원** 5학년 도덕 5단원, 6학년 도덕 5단원
- **준비물** 쌓기나무, A4 종이

쌓기나무로 통일의 탑을 쌓고 게임을 시작한다. 평화 통일에 도움이 되는 활동과 평화 통일에 방해가 되는 활동이 무엇인가 의논하여 종이에 적은 후 뽑기를 한다. 평화 통일에 방해가 되는 것을 뽑으면 쌓기나무로 쌓은 나무탑에서 한 개의 나무를 빼고, 평화 통일에 도움이 되는 것을 뽑으면 나무를 빼지 않는다. 방해가 되는 것을 많이 뽑으면 결국 통일의 탑은 무너지고 말 것이다. 우리나라가 평화 통일을 이루는 방법에 관해 알아보는 활동이다.

놀이방법

1 책상 네 개를 붙인다. 두 명씩 한 팀이 되어 두 팀이 게임을 한다. 각 팀마다 쌓기나무 삼십 개로 탑을 쌓는다. 탑은 쌓기나무를 한 개씩 빼더라도

잘 무너지지 않도록 쌓는 것이 유리하다. 탑 이름을 통일의 탑이라고 한다.

2 각 팀마다 A4 종이를 한 장씩 나눠준다. 각 팀은 A4 종이를 12등분하여 열두 조각으로 잘라 열두 장의 카드를 만든다. 여섯 장의 카드에는 평화 통일을 이루는데 도움이 되는 일을 한 장에 한 가지씩 여섯 개를 적고, 나머지 여섯 장에는 평화 통일에 방해가 되는 일을 한 장에 하나씩 여섯 개를 적는다. 예를 들어 도움이 되는 카드에는 '이산가족 상봉하기, 개성공단 운영하기, 겨레말 큰 사전 만들기, 남북 단일팀 세계대회 출전하기, 금강산 관광사업 재개하기, 남북 고위급 회담 갖기, 남북 합작 영화 만들기, 남북 가수 합동 공연하기, 대통령 자주 만나기, 남북 철도 연결하기, 북한 학생과 편지 나누기' 등을 적고, 방해가 되는 일에는 '대남대북 방송하기, 핵 개발하기, 미사일 발사하기, 비난하는 말하기, 지뢰 설치하기, 간첩 보내기, 대화 단절하기' 등을 적는다.

3 두 팀이 적은 카드를 골고루 잘 섞어 바구니에 담는다. 각 팀의 한 명이 바구니에서 카드를 한 장 뽑는다. 뽑은 카드가 평화 통일에 방해가 되는 카드면 카드를 바구니에 다시 넣고, 자기 팀 통일의 탑에서 쌓기나무 한 개를 빼낸다. 그러나 평화 통일에 도움이 되는 카드면 카드만 바구니에 다시 집어넣고 나무는 빼내지 않는다. 각 팀의 다른 사람이 바구니에서 카드를 한 장 뽑으며 같은 활동을 계속한다. 통일의 탑이 먼저 무너지는 팀이 진다. 탑이 무너지면 처음부터 다시 한다.

11 가장 소중한 것

• **관련 단원** 5학년 도덕 1단원, 6학년 도덕 1단원
• **준비물** A4 종이

내가 가장 소중하게 생각하는 것이 무엇인지 생각하고, 가장 소중하다고 생각하는 것 열 개를 종이에 쓴다. 그리고 그중에서 덜 소중하다고 생각되는 것을 한 개씩 지워나간다. 그리고 가장 소중하다고 생각되는 것 한 개만 남긴 후에 친구들과 그것에 대한 생각을 나누는 활동이다.

놀이방법

1 네 명을 한 모둠으로 모여 앉아 활동한다.
2 내가 가장 소중하게 생각하는 것이 무엇인지 그 단어를 열 개 쓴다. 금과 돈과 같이 물건을 써도 좋고, 사랑, 가족과 같이 물건 아닌 것을 쓸 수 있다. 쓴 것 중에서 덜 소중하다고 생각하는 것을 하나하나 지워간다. 그리고 가장 소중하다고 생각하는 것 세 개만 남긴다.
3 남긴 것에 대해 왜 소중하게 생각하는지 의견을 나눈다. 가장 소중하다고 생각하는 것 한 개만 남기고 두 개를 지운다.
4 내가 남긴 것 한 가지를 말없이 몸으로 표현하면 다른 사람들은 그것이 무엇인지 알아맞힌다.

12 듣고 싶은 말과 듣기 싫은 말

- **관련 단원** 5학년 도덕 4단원, 6학년 도덕 6단원
- **준비물** A4 종이

내가 가장 듣기 싫은 말과 듣고 싶은 말을 쓴다. 그리고 듣기 싫은 말은 잘게 찢고, 다시 뭉쳐서 공처럼 던지는 활동을 한다. 그리고 친구가 가장 듣고 싶은 말이 무엇인지 확인하고 그 친구에게 그 말을 해준다. 친구가 듣기 싫은 말은 결국 나도 듣기 싫고, 친구가 듣기 좋아하는 말은 결국 나도 듣기 좋은 말이다. 나를 생각하며 친구에게 듣기 좋은 말을 하도록 하는 활동이다.

01 듣기 싫은 말

1. 전체를 두 팀으로 나누고 서로 마주 보고 앉는다.
2. 팀 사이의 가운데에 경계선을 긋고 경계선에서 조금 떨어져 앉는다.
3. 각자 A4 종이에 내가 가장 듣기 싫었던 말을 생각나는 대로 적는다.
4. 종이를 잘게 찢는다. 그리고 다시 종이를 공처럼 뭉친다.
5. 신호가 울리면 상대팀의 진영으로 종이 공을 던진다. 나쁜 말은 우리 반에서 사라지라는 의미로 힘껏 던진다.
6. 정지 신호가 울리면 어느 팀에 종이가 많이 떨어졌는지 확인한다. 종이가 적게 떨어져 있는 팀이 승리한다.

02 듣고 싶은 말

1 전체를 두 팀으로 나누고 서로 마주 보고 앉는다.

2 팀 사이의 가운데에 경계선을 긋고 경계선에서 조금 떨어져 앉는다.

3 각자 A4 종이에 자기 이름과 함께 내가 가장 듣고 싶은 말을 생각나는 대로 적는다.

4 종이를 공처럼 뭉친다. 신호가 울리면 상대팀의 진영으로 종이 공을 던진다.

5 떨어져 있는 종이를 아무거나 한 개 줍는다. 한 사람씩 돌아가며 종이를 펼쳐본다. 종이에 쓴 사람의 이름을 불러주고, 그 친구가 듣고 싶어 하는 말을 해준다. 예를 들어 "민수야, 너는 한다면 할 수 있는 능력 있는 사람이야." 등이 있다.

6 활동이 끝나면 각자 갖고 있는 종이를 다시 뭉친다.

7 한 사람씩 칠판 앞으로 나아가 웃는 얼굴의 밑그림이 그려져 있는 큰 도화지에 뭉친 종이를 풀이나 테이프를 사용하여 붙인다.

8 완성된 작품을 복도에 게시한다.

놀이의 팁 Tip

- A4 종이 대신에 여러 가지 색이 있는 색종이를 활용해도 좋다. 색종이를 활용하면 밑그림에 붙였을 때 아름다운 작품이 나온다.
- 듣고 싶은 말은 한 개를 적어도 되고 여러 개를 적어도 된다.
- 밑그림을 동물로 그려넣어도 좋다.

13 우리 가족 행복 조건

- **관련 단원** 5학년 도덕 4단원, 6학년 도덕 6단원
- **준비물** A4 종이, 붙임종이

우리 가족을 행복하게 만들기 위해서 내가 해야 할 일이 무엇인가 생각해 보고 이를 실천할 수 있도록 마음을 다지는 활동이다. 그리고 행복하게 만드는 데 방해가 되는 요소도 찾아보는 활동을 겸해도 좋다. 가족의 소중함을 느끼는 데 도움이 되는 놀이다.

놀이방법

1 각자에게 붙임종이 다섯 장씩 나눠준다. 우리 가정을 행복하게 만들기 위해 내가 해야 할 일 중에서 가장 중요한 일을 다섯 가지 생각하도록 한다. 붙임종이 한 장에 한 가지씩 적는다.

2 한 사람씩 칠판으로 나와서 각자 쓴 붙임종이를 칠판에 붙인다. 내가 쓴 내용과 같은 내용이 있으면 같은 내용의 붙임종이를 그 옆에 붙인다. 내용이 같은 것이 많으면 긴 줄을 형성하게 될 것이다.

3 각자 A4 종이를 한 장씩 갖고 칠판으로 나온다. 여러 친구들이 붙인 붙임종이를 보고 가장 중요한 다섯 가지를 적는다. 내가 적은 내용도 있지만 내가 미처 생각하지 못한 것도 적을 수 있다.

4 선생님은 붙임종이를 모두 떼어 글씨가 안 보이게 뒤집어놓는다.

5 한 사람씩 나와서 글씨가 안 보이게 뒤집어놓은 붙임종이를 다섯 장씩 갖는다. 내가 A4 종이에 적은 내용의 붙임종이도 있지만 내가 적지 않은 내용의 붙임종이도 있을 것이다.

6 신호가 울리면 교실을 돌아다니며 내가 A4 종이에 적은 내용의 붙임종이를 다섯 장 모으는 활동을 한다. 친구를 만나 붙임종이를 교환할 수 있다. 친구에게 주기만 할 수도 있고, 받기만 할 수도 있다.

7 내가 A4 종이에 적은 내용의 붙임종이를 모두 모으면 자리에 앉는다.

놀이의 팁 Tip

- 우리 가족 대신에 우리 반을 행복하게 만들기 위해 할 일을 적고 활동할 수 있다. 반대로 우리 가족이나 우리 반을 불행하게 만드는 행동이나 말은 무엇이지 적어보고 활동할 수 있다.

14 즐거운 학교생활

- **관련 단원** 5학년 도덕 4단원, 6학년 도덕 6단원, 5, 6학년 미술 회화 활동
- **준비물** 붙임종이(파란색, 노란색)

학교생활을 하면서 즐거웠던 일과 슬펐던 일을 나눔으로서 친구의 마음을 이해할 수 있는 활동이다. 친구가 어떤 때 즐거움을 느끼고, 어떤 때 슬픔을 느끼는지 알아가면서 친구를 힘들게 하는 행동을 하지 않고, 친구가 즐거워하는 말이나 행동을 할 수 있도록 이끄는 놀이이다.

놀이방법

1 여섯 명을 한 모둠으로 모둠 활동을 한다. 모두에게 파란색 붙임종이 다섯 장과, 노란색 붙임종이 다섯 장을 나눠준다.

2 학교생활을 하면서 즐거웠던 기억 다섯 가지를 생각하게 한다. 파란색 붙임종이에 어떤 때 즐거웠는지 쓰도록 한다. 그리고 노란색 붙임종이에는 그때의 기분을 간단한 만화나 그림으로 그린다. 나만 알아볼 수 있는 상징적인 그림을 그려도 된다. 예를 들어 상을 받아 마음이 하늘을 나는 것같이 기뻤던 기분을 표현하기 위해 구름을 하나 그려도 된다. 파란색 붙임종이에는 글씨를, 노란색 붙임종이에는 그림을 그린다. 한 장에 한 가지씩 모두 다섯 가지를 쓰고 그린다.

3 모둠별로 그림이 그려진 노란색 붙임종이를 모두 모아 골고루 섞은 다음 그림이 보이도록 책상 위에 나열한다.

4 순서를 정하고 첫 번째 사람부터 자기가 쓴 파란색 붙임종이 중에서 한 개

를 골라 읽어준다. 다른 사람들은 친구가 읽은 내용과 매치되는 그림을 책상 위에서 고른다. 바르게 고른 학생이 그 그림의 붙임종이를 갖는다. 만약 두 사람이 바르게 골랐다면 둘이 가위바위보를 하여 이긴 사람이 갖는다.

5 다음 차례 사람이 자기가 쓴 글을 읽으면 다른 사람들은 같은 방법으로 그림을 고른다. 활동을 마친 후 제일 많은 그림을 획득한 사람이 승리한다.

놀이의 팁 

- 모둠별 활동이 아니라 반 전체가 다 같이 활동하고 싶으면 붙임종이 대신에 색도화지에 그림을 크게 그려 활동할 수 있다.

15 느낌 나누기

- **관련 단원** 5학년 도덕 4단원, 6학년 도덕 6단원
- **준비물** A4 종이, 바둑알

학교생활을 하면서 느꼈던 감정을 나누면서 친구의 마음을 이해할 수 있는 활동이다. 친구가 경험한 감정을 듣다 보면 나와 동일한 경험을 한 친구를 알게 되는데 그때 동변상련의 마음을 갖게 되어 쉽게 친해질 수 있다.

01 친구의 느낌 알아내기

1 네 명씩 모둠 활동을 한다. 모두에게 A4 종이 한 장씩 나눠준다.

2 각자 A4 종이를 반씩 세 번을 접고 펼쳐서 오리면 여덟 장의 종이 카드가 나온다.

3 각자 여덟 장의 종이에 학교생활을 하면서 느꼈던 느낌을 적는다. 즐거웠던 느낌, 슬펐던 느낌, 화났던 느낌, 외로웠던 느낌 등을 한 장의 카드에 한 가지씩 적는다. 학생들이 느낌을 적을 수 있도록 예시 단어를 제시하는 것도 좋다. (예 : 아프다, 약 오르다, 두렵다, 화난다, 복잡하다, 불편하다, 폭발한다, 자책한다, 분하다, 신경질 난다, 괴롭다, 짜증 난다, 싫증 난다, 열 받는다, 혼란스럽다, 뛰쳐나가고 싶다, 때려주고 싶다, 행복하다, 자랑스럽다, 기쁘다, 날아갈 것 같다, 환상적이다, 감동된다, 근사하다, 멋지다, 반갑다, 고맙다, 뿌듯하다, 편안하다, 구름에 떠 있는 것 같다, 통쾌하다, 즐겁다, 여유롭다, 인정받다, 쓸쓸하다, 외롭다, 실망스럽다, 부담스럽다, 혼자 있고 싶다, 숨고 싶다, 서운하다, 우울하다, 죽고 싶다, 창피하다, 심심하다, 답답하다, 지겹다, 속상하다, 억울하다, 황당하다, 안타깝다 등)

4 카드를 골고루 섞어 글씨가 보이게 책상 위에 펼쳐놓는다. 순서를 정하고 한 사람이 언제, 어디에서 어떤 사건이 있었는지 자기의 감정을 이야기한다. (예 : 친구가 내 지우개를 빼앗아가고 돌려주지 않았을 때 이런 느낌이었습니다.) 다른 사람은 책상에 펼쳐져 있는 느낌 카드를 보면서 그때 느꼈을 느낌을 말한다. 정확하게 말한 사람이 그 느낌 카드를 가져간다. 이어서 다음 사람이 자기의 경험을 말한다.

5 제일 많은 카드를 획득한 사람에게 시상한다.

02 진실 혹은 거짓

1 네 명씩 모둠 활동을 한다. 모두에게 A4 종이 한 장씩 나눠준다.

2 각자 A4 종이를 반씩 세 번을 접고, 펼쳐서 오리면 여덟 장의 종이 카드가 나온다.

3 각자 여덟 장의 종이에 학교생활을 하면서 느꼈던 느낌을 적는다. 카드를 골고루 섞어 글씨가 보이게 책상 위에 펼쳐놓는다.

4 각자 모두에게 흰색 바둑알 한 개와 검은색 바둑알 한 개씩 나눠준다.

5 순서를 정하고 한 사람이 언제 어디에서 어떤 사건이 있었는지 자기의 경험을 이야기한다. (예 : 저는 게임을 하고 늦잠을 자서 혼난 적이 있습니다.) 다른 사람은 그 이야기가 사실이라고 생각하면 흰색 바둑알을 내려놓고, 거짓이라고 생각하면 검은색 바둑알을 자기 앞에 내려놓는다. 진실 혹은 거짓을 정확히 맞힌 사람은 책상 위에 있는 바둑알 통에서 흰색이나 검은색 바둑알 한 개를 더 가져간다. 다음 차례 사람이 자기 경험을 비추어 진실의 말이나 거짓된 말을 하고, 다른 사람은 맞힌다.

6 가장 많은 바둑알을 획득한 사람에게 시상한다.

16 중재자 역할

• **관련 단원** 5학년 도덕 5단원, 6학년 도덕 2단원
• **준비물** 색 팔찌

학교생활을 하면서 다툼이 없을 수는 없지만 다툼을 잘 해결할 수는 있다. 학교 폭력은 작은 다툼에서 시작될 수 있기에 작은 다툼을 해소할 수 있다면 즐거운 학교생활을 하는 데 큰 도움이 될 것이다. 이 활동은 역할극을 통하여 교실에서 일어날 수 있는 다툼을 미리 방지하는 효과가 있는 놀이다.

놀이방법

1 네 명을 한 모둠으로 모둠 활동을 한다. 한 사람은 가해자 역할을 하고, 한 사람은 피해자 역할, 한 사람은 가해자의 중재자 역할, 또 다른 한 사람은 피해자의 중재자 역할을 한다.

2 각 모둠에서는 학교에서 일어날 수 있는 다툼의 사건을 하나 정한다. (예 :

가해자가 피해자의 별명을 부르며 놀리는 사건, 가해자가 피해자의 연필을 빼앗아가서 안 주는 사건, 가해자가 피해자에게 돈을 빌려가서 안 돌려주는 사건, 가해자가 피해자를 때리는 사건 등)

3 사건을 바탕으로 가해자가 피해자를 괴롭히는 역할극을 간단하게 한다. 괴롭힘을 당하는 피해자는 중재자에게 도움을 요청한다. 두 명의 중재자가 그들에게 다가간다.

4 피해자의 중재자는 피해자와 단둘이 만나서 피해자의 말을 들으면서 어떤 일이 있었는지, 그때의 기분은 어땠는지, 가해자가 어떻게 해주기를 원하는지 등을 적는다. 가해자의 중재자는 피해자를 괴롭히는 이유가 있는지, 피해자를 괴롭힐 때의 기분과 느낌은 어떤지, 입장을 바꿔 생각해봤는지 등을 질문하며 적는다.

5 중재자는 가해자와 피해자를 모아놓고 가해자와 피해자의 입장을 이야기한다. 그리고 피해자가 가해자에게 원하는 것이 무엇인지 설명해주고 가해자의 사과를 권유한다. 그리고 다시는 그렇게 괴롭히지 않겠다는 서약서를 작성하게 하고 사인을 하게 한 후 활동을 끝낸다.

6 역할을 바꾸어가며 다른 사건을 가상하여 활동을 계속한다.

17 한 발 앞으로

• **관련 단원** 5학년 도덕 6단원, 6학년 도덕 6단원
• **준비물** 역할 놀이 카드

다른 사람이 되어보고 그 사람의 입장에 서서 그들이 느끼는 감정을 체험해보는 활동이다. 나보다 어려운 환경에 처해 있는 사람들을 생각하며 현재의 나의 처지에 대해 감사하는 마음을 갖게 하고, 어려운 이웃들을 돌아보는 마음을 키우는 놀이다.

놀이방법

1 아래와 같은 역할 놀이를 위한 카드를 한 장씩 뽑는다. 자기가 뽑은 카드는 다른 사람과 바꿀 수 없으며 뽑은 카드의 주인공이 되어 활동한다. (예 : 나는 대기업 회사 사장의 자녀이다, 나는 학교에 다녀본 경험이 없어 글을 읽지 못한다, 나는 떠돌아다니는 거지다, 나는 경찰서장의 자녀이다, 나는 장애를 갖고 있어 휠체어 없이는 움직일 수 없다, 나는 전쟁으로 부모님을 다 잃었다, 나는 유명한 영화감독의 자녀이다, 나는 하버드 대학 학생이다, 나는 학교에서 따돌림을 당하고 있다, 나는 고아원에 살고 있다, 나는 아역 배우다, 나는 흑인이고 대통령의 자녀이다, 나는 무인도에서 혼자 살고 있다, 나는 유명한 가수다, 나는 말을 못 하는 장애를 갖고 있다, 나는 돈을 벌러 외국으로 간 아빠를 둔 외동이다, 나는 알코올 중독자의 자녀이다, 나는 앞을 볼 수 없는 장애인이다, 나는 부자는 아니지만 행복한 가정의 자녀이다, 나는 평범한 가정의 자녀이다 등)

2 카드를 뽑은 후, 교실 뒤쪽에 모두 선다.

3 선생님은 아래와 같은 내용을 한 가지씩 질문하고, 학생들은 답을 한다. 선생님의 질문에 '예'라고 대답한 사람은 칠판 쪽을 향해 한 발 앞으로 나아가고, '아니오'라고 대답한 사람은 그 자리에 그대로 선다. (예 : 나는 매일 아침밥을 먹을 수 있다, 나는 학교에 다닐 수 있다, 즐겁게 하루를 보낼 수 있다, 내가 하고 싶은 직업을 선택할 수 있다, 나는 폭행을 당하지 않는다, 인터넷을 사용할 수 있다, 한 달에 한 번 외식을 한다, 친구들과 놀 수 있다, 부모님께 용돈을 가끔 받는다, 필요한 것을 부모님께 사달라고 할 수 있다, 우리 집에 TV가 있다, 저녁에는 잠잘 곳이 있다, 사람들은 의견을 존중한다, 나는 대학에 갈 수도 있다, 경찰을 봐도 도망치지 않는다, 필요하면 도움을 받거나 상담받을 곳이 있다, 차별받는다고 느낀 적이 한 번도 없다, 몸이 아프면 병원에 가서 치료를 받을 수 있다, 도움 없이 두 발로 걸어 다닐 수 있다, 나는 부모님이 계시다 등)

4 사건이나 상황을 하나씩 읽어줄 때마다 학생들이 앞으로 나갈 시간을 주고 다른 사람들과 어느 정도 거리가 벌어졌는지 살펴보게 한다. 가장 적게 움직인 학생과 가장 많이 움직인 학생의 역할을 알아보고, 어떤 느낌을 받았는지 느낌을 말해보게 한다.

5 모두 자리에 앉아 앞으로 나아가지 못하고 뒤처진 학생의 주인공을 한 명 선택하여 그에게 위로의 편지 쓰기를 하고, 편지를 읽어준다.

6 나보다 어려운 환경에 처해 있는 사람들을 생각하며 현재의 나의 처지에 대해 감사하는 마음을 갖게 하고, 어려운 이웃들을 돌아보는 마음을 갖게 한다.

18 트위스트

• **관련 단원** 5학년 도덕 6단원, 6학년 도덕 6단원
• **준비물** A4 종이

친구의 이야기를 경청하고, 공감해주면서 용기를 주는 칭찬을 해준다면 우리 학급에 다툼이 없어질 것이고, 나아가 폭력이 없는 학교가 될 것이고, 더 나아가 살기 좋은 사회가 될 것이다. 이 세 가지 덕목을 꾸준히 실천하자고 하는 마음을 다지는 활동이다.

놀이방법

1 네 명을 한 모둠으로 모둠별로 활동한다. A4 종이 아홉 장을 나눠준다.

2 A4 종이에 '경청', '공감', '칭찬'이란 단어를 각각 세 장씩 쓴다. 아홉 장의 종이를 골고루 섞어서 교실 바닥에 3×3의 형태로 붙여놓는다.

3 순서를 정해서 두 사람씩 대결한다. 선생님이 "공감"이라고 말하면 두 사람이 '공감' 종이를 발로 밟는다. 선생님이 또 "경청"이라고 말하면 두 사람이 '경청' 종이를 누른다. 이때는 손으로 눌러도 되고 발로 눌러도 된다. 그러나 먼저 '공감'을 누르고 있던 발을 떼어서는 안 된다. 그리고 다른 사람이 누르고 있는 종이는 누를 수 없다. 선생님이 또 "칭찬"이라고 말하면 두 사람이 '칭찬' 종이를 누른다. 이때는 손으로 눌러도 되고 발로 눌러도 된다. 그러나 먼저 누르고 있던 발이나 손을 떼어서는 안 된다. 상대방의 몸에 막혀서 누를 수 없게 되면 트위스트 춤추듯이 몸을 비틀어서 눌러야 한다. 두 발과 두 손을 다 사용하고 사용할 것이 없을 때는 어느 것이든 하나를 떼어 사용할 수 있다.

4 상대방에게 막혀서 선생님이 누르라는 종이를 누르지 못하거나, 손과 발이 떨어지면 실패한 것이기에 지는 것이다. 한 사람이 실패할 때까지 선생님은 주문을 계속한다. 이렇게 토너먼트로 승자를 가린다.

19 지구촌 문제 해결

• **관련 단원** 5학년 도덕 6단원, 6학년 도덕 6단원
• **준비물** 종이컵, 탁구공, 셀로판테이프

지구촌의 사람들이 모두 행복한 세상을 위해서 해결해야 할 일이 무엇인지 확인해보는 놀이다. 책상을 붙여놓고 책상 옆에 우리가 해결해야 할 과제 '전쟁, 질병, 환경 파괴, 지구온난화, 종교 갈등, 인종 차별, 에너지 고갈, 고령화, 굶주림, 방사능 유출'을 적은 종이컵을 테이프로 붙여놓는다. 그리고 탁구공을 입으로 불어 컵 속에 넣으면 점수를 얻는 활동이다. 협동심을 기를 수 있는 활동이다.

놀이방법

1 다섯 명을 한 모둠으로 편성하고 모둠별로 책상 세 개를 일렬로 붙여놓고 활동한다. 책상 한 개는 탁구공을 놓고 시작하는 책상으로 삼는다. 나머지 두 개의 책상 주변에는 탁구공이 떨어질 때 들어갈 수 있도록 종이컵 열

개를 10cm의 간격으로 테이프로 붙여놓는다. 종이컵 열 개에는 지구촌 사람들이 모두 행복한 세상을 만들기 위해서 해결해야 할 일인 '전쟁, 질병, 환경 파괴, 지구온난화, 종교 갈등, 인종 차별, 에너지 고갈, 고령화, 굶주림, 방사능 유출'이라고 쓴 종이를 각각 붙인다. 다섯 명이 책상 주변에 골고루 앉는다.

2 시작 신호가 울리면 출발선에 탁구공을 올려놓고 입으로 불어서 컵 속에 넣는다. 탁구공이 땅에 떨어지면 다시 출발선에 놓고 입으로 분다. 컵 속에 한 번 넣을 때마다 1점을 획득하게 된다. 다섯 명이 협력해야만 탁구공을 컵 속에 넣을 수 있다.

3 제한된 시간 약 5분이 지나면 활동을 멈추고 획득한 점수로 모둠의 순위를 결정한다.

4 모둠원을 골고루 섞어 다르게 편성하고 활동을 계속하면 다른 친구들과 쉽게 친해질 수 있는 기회를 가질 수 있다.

놀이의 팁 Tip

- 출발선에서 제일 가까운 컵은 1점 컵으로, 출발선에서 가장 멀리 있는 컵은 10점 컵으로 점수를 표시할 수도 있다.
- 출발선에 탁구공 두 개를 놓고 활동할 수 있다.

20 칭찬 선물하고 칭찬 사기

- **관련 단원** 5학년 도덕 3단원, 6학년 도덕 2단원
- **준비물** 색도화지, 붙임종이(파란색, 노란색), 별 스티커

자주적인 삶을 살아가려면 먼저 스스로를 잘 알고 존중할 줄 알아야 한다. 나의 장점이 무엇인지 알고 자신을 칭찬하면서 살아가는 자세야말로 자신의 강점을 발전시키는 일이다. 나의 장점을 찾을 뿐 아니라 친구들이 보는 나의 장점을 알아보는 활동이다.

놀이방법

1 모두에게 각자 색도화지 한 장씩 나눠준다. 색도화지 가운데에 나의 이름을 크게 적는다.

2 모두에게 각각 파란색 붙임종이 세 장과 노란색 붙임종이 다섯 장씩 나눠준다. 파란색 붙임종이에는 내가 보는 나의 장점을 적고, 내 도화지 위에 붙인다. '다른 사람들에게 매우 친절하다', '힘든 일도 포기하지 않고 끝까지 하려고 한다.' 등과 같이 적으면 된다. 그리고 노란색 붙임종이에는 칭찬하고 싶은 다른 친구의 장점을 적고 그 친구의 도화지에 붙여준다.

3 내가 보는 나의 장점과 친구가 보는 나의 장점을 확인하고, 도화지를 칠판에 붙인다. 붙일 자리가 없으면 도화지를 벽에 붙여도 된다.

4 모두에게 각각 별 스티커 한 장씩 나눠준다. 나에게는 없지만 내가 꼭 갖고 싶은 장점을 찾아서 그 장점이 적힌 붙임종이에 별 스티커 한 장을 붙인다. 나의 스티커로 그 장점을 산다는 표시다.

5 제일 비싼 장점이 무엇인지 확인해본다. 그리고 내가 그 장점을 가지려면 어떻게 행동해야 하는지 알아본다.

21 징검다리 건너기

• **관련 단원** 5학년 도덕 6단원, 6학년 도덕 4단원
• **준비물** 도화지, 책상, 차임벨

사람은 누구나 서로 존중받으면서 평화롭게 살기를 원한다. 그러려면 모든 사람들이 억울한 일을 당하지 않고 공정한 기회를 누리며 정당한 대우를 받을 수 있어야 한다. 그래서 우리는 공정한 생활이 중요하다고 말한다. 이 활동은 공정한 생활을 하려면 어떤 태도를 지녀야 하는지 알아보고 이를 생활 속에서 실천하고자 하는 마음을 다지게 하는 놀이다. 책상 위에 있는 문제를 풀면서 징검다리를 건너듯이 한 책상 한 책상 건너가 상대편의 진영까지 진격하면 승리하는 게임이다.

존중, 입장, 몫, 보호, 경청, 공정, 권리

놀이방법

1 다섯 명을 한 개의 팀으로 편성한다. 책상 일곱 개를 일렬로 놓는다. 맨 앞의 책상 1과 맨 뒤의 책상 7에는 차임벨을 한 개씩 놓는다. 도화지에 다음과 같은 문제를 써서 책상 위에 붙인다.

2 책상 1에는 '다른 사람 ( )하기', 책상 2에는 상대방의 ( )에서 생각하기, 책상 3에는 '사회적 약자나 부당한 대우를 받는 사람을 ( )하기', 책상 4에는 '판단하기 전에 열린 자세로 모든 이야기를 ( )하기', 책상 5에는 '모든 사람이 자신의 정당한 ( )을 받기', 책상 6에는 '어떤 사람이든 차별하지 않고 ( )하게 대하기', 책상 7에는 '다른 사람의 ( )와 이익을 생각하기'를 써서 붙인다. 그리고 각 문제마다 문제 위쪽에는 보기(존중, 입장, 몫, 보호, 경청, 공정, 권리)의 글을 써놓는다.

3 A팀은 책상 1 앞에 한 줄로 서고, 다른 B팀은 책상 7 앞에 한 줄로 선다. 신호가 울리면 동시에 각 팀의 선두 주자가 문제를 풀면서 전진한다. A팀의 1번이 책상 1의 문제를 큰 소리로 풀고, 책상 2로 건너가 책상 2의 문제를 큰 소리로 푼다. 계속 풀면서 징검다리 건너는 것처럼 한 책상 한 책상 옮겨간다. 가다가 문제를 틀리게 풀면 자기 팀의 맨 뒤로 돌아가서 자기 차례를 기다린다.

4 A팀의 주자가 뒤로 가면 A팀에는 주자가 없어지므로 지체하지 말고 바로 A팀의 2번이 책상 1의 문제를 풀면서 한 칸씩 건너간다. 문제를 틀리게 풀었는지 바르게 풀었는지는 B팀의 5번이 확인하면 된다. 같은 시각에 같은 방법으로 B팀의 1번은 책상 7의 문제를 큰 소리로 풀고, 책상 6으로 넘어가면 된다. 역시 A팀의 5번은 B팀이 바르게 풀었는지 확인한다.

5 가다가 두 팀이 한 책상에서 만나면 두 사람이 가위바위보를 한다. 이긴 사람은 계속 전진하면서 문제를 풀어나가고, 진 사람은 자기 팀 뒤로 돌아간다. 그러면 진 팀의 다음 주자가 다시 처음부터 문제를 풀면서 전진한다. 이렇게 상대 진영으로 전진하다가 상대편 맨 앞에 있는 책상의 문제를 풀고 차임벨을 울린 팀이 승리한다.

지도서와 함께 보는
교과서 단원별 놀이 총정리

예체능 수업은 개인의 능력 차가 심하며 좋고 싫음의 구별이 뚜렷한 수업 중의 하나입니다.
따라서 예체능 수업은 개인의 능력차에 따라 학습 내용을 달리 제시하는 것이 중요합니다.
한 가지의 수업 방법만 고수할 것이 아니라 학습 내용에 따라서
다양한 수업 방법을 사용하며 학생들의 능력 차에 따라 적절한 과제를 제시하면서
누구나 적극적으로 참여할 수 있도록 유도하는 것이 필요합니다.
그리고 미술 시간에 만든 하키 스틱을 체육 시간에 활용하는 것처럼
서로 통합적으로 연계하여 지도하는 것이 좋습니다.
창의적인 수업 자료로 놀이하듯 수업하는 다양한 예체능 수업 놀이를 소개합니다.

Part 5
예체능 수업 놀이

단원별 놀이 찾아보기

체육 건강 활동

체육 경쟁 활동

체육 도전 활동

체육 표현 활동

음악 연주 활동

미술 디자인

미술 표현 활동

미술 회화 활동

01 바른 자세로 걷기

• **관련 단원** 체육 건강 활동
• **준비물** 색 테이프

눈을 감고 제자리걸음을 할 때 방향과 자세가 삐뚤어지는 학생은 평상시 바른 자세로 생활하지 않았다는 것을 알 수 있다. 이 활동은 평상시 바른 자세로 생활해야 하는 필요성을 깨닫게 하는 놀이이다.

놀이방법

1 색 테이프를 교실이나 체육관 바닥에 붙여 열십자 표시를 한다.
2 한 사람씩 정면을 바라보고 열십자 중앙에 서도록 한다.
3 눈을 감고 제자리걸음을 약 오십 번 한다.
4 제자리걸음을 한 뒤 눈을 떠보면 대부분의 학생들이 방향이 바뀌어 있음을 알게 된다. 이는 바른 자세로 생활하지 않기 때문이므로 평소 앉을 때나 걸을 때 바른 자세로 생활하는 것이 중요하다는 것을 느끼게 한다.
5 방향이 제일 안 바뀐 학생에게 점수를 주어 칭찬할 수 있다.

02 꼬리잡기

- **관련 단원** 체육 건강 활동, 경쟁 활동
- **준비물** 팀별 조끼, 수건

상대편의 꼬리를 잡는 놀이이다. 민첩성과 협동심을 기를 수 있는 활동이다.

놀이방법

1 전체 인원을 두 팀으로 나누고 앞사람의 허리를 잡는다.

2 팀별로 색 조끼를 입고 팀을 구별한다. 맨 뒷사람은 엉덩이에 수건을 단다.

3 신호가 울리면 맨 앞사람이 상대 팀의 꼬리를 잡는다. 줄이 끊어지거나 꼬리를 뺏기면 진다. 맨 앞사람은 상대팀이 우리 팀의 꼬리를 잡지 못하게 막으면서 상대팀의 꼬리를 뺏어야 한다.

4 맨 앞자리에서 하고 싶어 하는 학생들이 많으므로 한 칸씩 위치를 바꿔가며 놀이를 한다.

03 양궁

• **관련 단원** 체육 도전 활동, 경쟁 활동
• **준비물** 벨크로 천(초록색, 빨간색, 노란색), 가위

공을 던지거나 활을 쏘아 과녁판을 맞히는 양궁 놀이다. 집중력을 키울 수 있다.

01 바닥의 과녁판 맞히기

1 초록색 천으로 제일 큰 원을 만들고, 그 초록색 원 안에 빨간색 천으로 조금 작은 원을 만든다. 그리고 빨간색 원 안에 노란색 천으로 조금 더 작은 원을 만든다. 이렇게 만든 원 과녁판을 바닥에 놓고 공을 던지는 놀이다. 털이 있는 공을 던지면 과녁판에 붙게 만든다.

2 제한된 거리에서 공 네 개를 던져 얻은 점수를 모두 합하면 자기 점수가 된다. 노란색 과녁판에 공을 던지면 10점, 빨간색 과녁판에 공을 던지면 7

점, 초록색 과녁판에 공을 던지면 4점을 획득한다.

02 벽의 과녁판 맞히기

1 벽에 과녁판을 놓고 화살을 쏘는 놀이다. 화살을 쏘면 과녁판에 붙게 만든다.

2 제한된 거리에서 화살 네 개를 쏴 얻은 점수를 모두 합하면 자기 점수가 된다. 가운데를 맞히면 10점, 다음은 7점, 4점, 1점을 획득한다.

04 고무줄 달리기

- **관련 단원** 체육 건강 활동, 경쟁 활동
- **준비물** 배턴

고무줄처럼 늘렸다 줄였다 하며 달리는 놀이다. 자기 팀이 달릴 때는 빨리 달릴 수 있도록 간격을 좁혀주고, 다른 팀이 달릴 때는 멀리 달리도록 간격을 넓혀주는 활동이다. 같은 팀끼리 움직여야 하는 활동이므로 협동심을 기를 수 있다.

놀이방법

1 고무줄처럼 늘렸다 줄였다 하며 달리는 놀이다. 전체를 A팀, B팀 두 팀으로 나눈다. 각 팀끼리 한 줄로 길게 횡대로 선다. 가운데에 선생님이 서고 모두 손을 잡는다.

2 출발 신호가 울리면 팀의 맨 끝에 있는 사람부터 상대팀의 줄 끝을 돌아 자기 자리로 온 다음 자기 옆 사람에게 배턴을 넘긴다. 그러면 그 옆 사람이 같은 방법으로 상대 팀의 줄 끝을 돌아 자기 팀의 맨 뒷자리에 선다. 이때 상대 팀원이 우리 줄을 돌 때는 잡은 팔을 넓게 벌려 먼 거리를 달리게 하고, 우리 팀이 우리 줄을 돌 때에는 서로 어깨를 마주 대고 서서 짧은 거리를 달리게 한다.

3 빨리 다 돌아오는 팀이 승리한다.

05 막대 세우고 이동하기

- **관련 단원** 체육 건강 활동
- **준비물** 막대

신호가 울리면 내가 갖고 있던 막대를 그 자리에 세워놓고 옆자리로 이동하는 놀이다. 상대방이 세워놓은 막대가 쓰러지기 전에 빨리 이동해야 한다. 민첩성을 키우는 데 도움이 되는 활동이다.

놀이방법

1 막대를 자기 앞에 세워놓고 한 사람씩 옆으로 이동하는 놀이다. 모두 1m 정도의 막대를 갖고 둥글게 선다.

2 신호가 울리면 자기 막대를 앞에 세워두고 오른쪽 옆자리로 이동하여 옆자리의 막대가 쓰러지기 전에 잡는다.

3 열 번을 계속 성공하면 움직이는 속도를 조금 더 빨리 하고, 옆 사람과의 간격을 조금씩 벌린다.

4 옆 사람과의 간격이 멀어질수록 더 빨리 움직여야 한다.

06 훌라후프 통과하기

• **관련 단원** 체육 건강 활동, 경쟁 활동
• **준비물** 훌라후프

한 줄로 길게 손을 잡고 훌라후프를 통과하는 놀이이다. 옆 사람과 잡은 손을 놓지 않고 한다.

놀이방법

1 두 팀으로 나누고 팀별로 손을 잡고 한 줄로 선다.
2 처음 사람에게 훌라후프를 목에 걸어준다.
3 잡은 손을 놓지 말고 끝 사람에게 훌라후프를 전달한다. 빨리 전달하는 팀이 승리한다.
4 숙달이 되면 훌라후프 대신에 고무줄로 된 원을 통과하게 할 수 있다.

07 두리둥실 돌고요

• **관련 단원** 체육 건강 활동, 표현 활동

우리나라 민속 가락에 맞춰 노래 부르며 삼박자 춤을 추는 활동이다. 체육 활동을 하면서 친구들과 친해질 수 있는 놀이다.

놀이방법

1 〈너영 나영〉 노래 부르며 삼박자 춤을 추는 활동이다. '너영 나영 두리둥실 돌고요. 낮이 낮이나 밤이 밤이나 참 사랑이로구나, 아침에 우는 새는 배가 고파 울고요. 저녁에 우는 새는 친구 그리워 운다.' 노래를 익힌다.

2 둥글게 손잡고 서서 남자, 여자, 남자, 여자 순서로 역할을 하게 한다. 남자 인원이 적을 때는 여자가 남자 역할을 하게 할 수 있다.

3 '너영 나영 두리둥실 돌고요' 부분에서 세 박자 왈츠 형식으로 남자가 여자를 돌려주며 춤을 춘다. 남자가 왼손으로 왼쪽의 여자 오른손을 잡고 오른쪽으로 살짝 당겨준다. 오른손으로 여자의 왼손을 바꿔 잡으면서 오른쪽으로 자리를 옮겨준다.

4 '낮이 낮이나 밤이 밤이나' 부분에서 남자가 오른쪽에 있는 사람과 양손을 잡고 오른쪽으로 돌고, 왼쪽으로 돈 다음에 '참 사랑이로구나' 부분에서 가볍게 안아주거나 악수를 한다.

5 '아침에 우는 새는 배가 고파 울고요.' 부분에서 '너영 나영 두리둥실 돌고요' 부분과 같은 동작을 한다.

6 '저녁에 우는 새는 친구 그리워 운다.' 부분에서 '낮이 낮이나 밤이 밤이나

참 사랑이로구나'와 같은 동작을 한다.

놀이의 팁 Tip

- 노래 한 번이 끝나면 만난 사람과 '가위바위보를 하여 업어주기', '부채로 열 번 부쳐주기'와 같은 미션을 수행하게 해도 좋다.

08 간이 골프

- **관련 단원** 체육 도전 활동
- **준비물** 하키 스틱, 훌라후프, 공, 원반

목표 지점까지 몇 번의 타구로 공을 넣나 시합하는 골프 놀이이다. 하키 스틱은 테니스공과 같이 작은 공을 칠 수 있고, 피구공과 같이 큰 공을 칠 수도 있다. 스틱은 미술 시간에 신문지나 막대로 만들어서 활용하면 좋다.

01 소프트 하키 스틱 이용하기

1 둘이 한 팀이 되어 다른 팀과 시합을 한다.

2 각자 하키 스틱을 들고 출발 지점에 선다. 출발 지점에는 공을 놓고, 목표 지점에 훌라후프를 놓는다.

3 출발 지점부터 공을 쳐서 목표 지점인 훌라후프에 넣을 때까지 공을 몇 번 쳤는지 횟수를 확인한다. 다른 팀과 비교하여 적게 친 팀이 승리한다.

4 짝과 번갈아가며 한 번씩 친다. 내가 한 번 치고, 짝이 한 번 치면서 목표

지점까지 친다.

5 활동 후 어떤 점이 잘 됐고, 어떤 점이 아쉬웠는지 의견을 나눈다.

6 두 번째 활동을 할 때는 짝을 바꾼다. 한 사람하고만 하는 것이 아니라 여러 사람하고 짝을 해보면서 친근감을 형성하도록 한다.

02 원반 이용하기

1 목표 지점까지 몇 번 던져서 원반을 넣나 시합하는 놀이다. 협동 학습을 위하여 짝 활동을 한다. 둘이 한 팀이 되어 원반 한 개를 사용한다. 목표 지점에 훌라후프를 놓는다.

2 출발 지점에서 원반을 던져, 목표 지점인 훌라후프에 넣을 때까지 몇 번 던졌나 확인한다. 횟수를 적게 던진 팀이 승리한다.

3 짝과 번갈아가며 던진다. 한 사람이 한 번 던지고, 짝이 한 번 던지면서 목표 지점인 훌라후프에 넣는다.

4 활동 후 어떤 점이 잘됐고, 어떤 점이 아쉬웠는지 의견을 나눈다.

5 두 번째 활동을 할 때는 짝을 바꾼다. 한 사람하고만 하는 것이 아니라 여러 사람하고 짝을 해보면서 친근감을 형성하도록 한다.

09 날아라 비행접시

- **관련 단원** 체육 도전 활동, 경쟁 활동
- **준비물** 원반, 축구 간이 골대 또는 훌라후프

원반을 적당한 거리에 있는 그물 안으로 던져 넣는 체육 활동이다. 능력이 뒤지는 학생은 항상 지게 되어 체육 활동에 자신감을 잃게 될 수 있기 때문에 체육 활동은 개별 활동보다는 모둠 활동이 좋다. 기록 또한 개인이 잘해서 얻는 것보다는 팀원이 모두 잘해서 점수를 얻게 하는 것이 좋다.

놀이방법

1 네 명을 한 모둠으로 모둠별 활동을 한다.

2 2미터 정도의 거리에 축구 간이 골대를 세워놓는다. 간이 골대가 없을 경우 그 자리에 훌라후프를 놓는다.

3 원반을 그물 안으로 한 개 넣을 때마다 1점을 획득하게 된다. 팀원 모두의 점수를 더한 것이 팀의 점수가 된다. 한 사람당 네 개씩 던져 넣는다.

10 훌라후프 받기

- **관련 단원** 체육 건강 활동, 도전 활동
- **준비물** 훌라후프

모둠이 던지는 훌라후프를 내 팔에 끼우는 놀이이다. 민첩성과 집중력을 기르는 데 도움이 되는 활동이다.

놀이방법

1 네 명을 한 모둠으로 모둠 활동을 한다.

2 모둠에서 한 명을 술래로 정하고 술래는 2m의 거리 앞에 앉아 팔을 들어 올린다.

3 모둠의 다른 사람은 한 사람당 네 개의 훌라후프를 술래를 향해 던진다.

4 술래는 자기 팔로 훌라후프를 받는다. 팔로 받은 훌라후프의 개수만큼 모둠이 점수를 획득한다. 다른 팀과 점수를 비교한다.

11 돼지 몰이

- **관련 단원** 체육 건강 활동, 도전 활동
- **준비물** 돼지저금통, 반환점, 하키 스틱

돼지저금통을 몰고 다니는 체육 놀이다. 발로 하면 축구가 되고 스틱으로 하면 하키가 된다. 민첩성과 협동심을 기를 수 있는 활동이다.

01 발로 차서 몰기

1 발로 차서 돼지저금통을 몰고 반환점을 돌아오는 놀이다.

2 두 명이 한 조가 되어 돼지저금통을 주거니 받거니 하면서 반환점을 돌아온다. 팀별로 릴레이 경기를 할 수 있다.

02 스틱으로 몰기

1 스틱으로 돼지저금통을 몰고 반환점을 돌아오는 놀이다.

2 두 명이 한 조가 되어 조별 활동을 한다. 두 명이 각각 하키 스틱 하나씩 갖는다. 돼지저금통 한 개를 주거니 받거니 하며 몰면서 반환점을 돌아 온다.

3 팀별로 릴레이 경기를 할 수 있다.

놀이의 팁 Tip

- 저금통 대신 공을 사용해도 좋다.

12 돌아가며 체조하기

• **관련 단원** 체육 건강 활동

한 친구가 체조하는 모습을 보고 다른 친구가 따라 하는 체조 놀이이다. 학생들 스스로 준비체조를 할 수 있는 활동이다.

01 한 사람 따라 체조하기

1 여섯 명에서 여덟 명을 한 모둠으로 모둠별로 둥글게 선다.

2 한 사람이 먼저 원 안에 서서 한 가지 체조를 하면 다른 사람들은 그 동작을 따라 한다. 16호간 반복을 한 후 다음 사람이 원 안으로 들어간다.

3 돌아가며 원 안으로 들어가 모두 한 번씩 체조를 한다.

4 체조를 처음 할 때는 심장에서 멀리 떨어진 팔다리 운동에서부터 시작한다. 그리고 동작을 할 때는 큰 동작으로 한다.

02 도미노 체조하기

1 여섯 명에서 여덟 명을 한 모둠으로 모둠별로 둥글게 선다.

2 술래 한 명을 정하고 술래가 한 가지 체조를 8호간 하면 술래의 오른쪽에 있는 사람이 술래의 동작을 8호간 따라 한다. 그러면 또 그 오른쪽에 있는 사람은 왼쪽에 있는 옆 사람의 동작을 보고 8호간 따라 한다. 예를 들어 술래가 양팔을 8호간 밖으로 돌리면 그 옆 사람은 술래가 8호간 돌린 후

바로 이어서 양팔을 8호간 밖으로 돌리는 동작을 한다. 이렇게 도미노처럼 같은 동작을 이어 한다.

3 술래는 8호간 한 동작을 한 다음에 곧 이어 또 다른 동작을 8호간 한다. 술래 오른쪽에 있는 사람은 술래를 보고 술래가 한 동작을 또 따라 한다. 이렇게 제한된 시간 동안 도미노처럼 술래의 동작을 따라 한다.

4 왼쪽에 있는 사람의 동작을 잘 보며 따라 하는 도미노 체조다.

5 네 번의 동작을 하면 술래를 바꿔가며 한다.

13 훌라후프로 탑 쌓고 통과하기

• **관련 단원** 체육 건강 활동, 표현 활동
• **준비물** 훌라후프

모둠별로 활동을 한다. 훌라후프로 탑을 만들고 모둠원 모두가 그 탑을 쓰러뜨리지 않게 통과하는 활동이다. 협동심과 창의력이 요구되는 놀이이다.

놀이방법

1 여섯 명을 한 모둠으로 모둠 활동을 한다.

2 각자 훌라후프를 한 개씩 갖는다. 여섯 명이 훌라후프 여섯 개를 지탱하여 쓰러지지 않게 입체적인 모양의 탑을 만든다. 모둠원이 통과할 수 있도록 만든다.

3 창의력을 발휘하여 다른 모둠과 모양이 다른 탑을 만든다.

4 모둠원 모두가 훌라후프 탑을 쓰러뜨리지 않고 통과하면 승리한다. 협동심과 창의력이 요구되는 놀이로 실내 활동이 가능하다.

14 팀 추월 경기

• **관련 단원** 체육 건강 활동, 도전 활동

스피드스케이팅에서 하는 경기처럼 세 명이 같이 달려 맨 마지막에 들어오는 사람의 기록으로 승패를 가르는 경기다. 나 혼자만 잘 달린다고 승리하는 것이 아니라 세 사람이 골고루 잘 달려야 승리하는 게임이다. 협동심을 키울 수 있는 활동이다.

놀이방법

1 한 팀을 세 명으로 구성하고, 두 팀이 트랙 반대편에서 동시에 출발해 서로의 꼬리를 잡듯이 같은 방향으로 트랙을 달린다.

2 출발할 때 첫 번째 주자가 맨 앞에 달리고, 두 바퀴를 돌때는 두 번째 주자가 맨 앞으로 달리고, 세 바퀴 돌때는 세 번째 주자가 맨 앞으로 달린다.

3 경기 도중에 한 명이라도 상대팀에 추월당하면 추월당한 팀은 패하고, 상대팀을 추월한 팀은 승리하게 된다. 양 팀이 반대편에서 반 바퀴 차이로 출발하기 때문에 반 바퀴만 따라잡으면 경기가 끝난다. 만약 추월한 팀이 없을 경우, 각 팀에서 가장 늦게 들어온 선수의 기록을 해당 팀의 기록으로 판단한다.

4 세 명의 선수의 능력과 상태에 따라 서로 자리를 번갈아가며 달린다.

15 얽힌 손 풀기

• **관련 단원** 체육 건강 활동, 도전 활동

여러 명이 모여 손을 얽히게 잡고 얽힌 손을 푸는 활동이다. 서로 협력해야 하므로 협동심을 키우는 데 도움이 되는 놀이다.

놀이방법

1 네 명을 한 모둠으로 모둠 활동을 한다. 네 명이 모여 선다.

2 각자 오른손을 내밀어 앞사람의 오른손을 잡는다. 왼손으로 다른 사람의 왼손을 잡는다. 네 명이 모두 연결되어야지 두 명씩 끊어지면 안 된다. 몸을 움직여 얽힌 손이 펴지도록 푼다.

3 얽힌 손을 풀면 두 사람은 밖을 보게 되고, 두 사람은 안쪽을 보게 될 수 있다.

놀이의 팁 Tip

• 학생들 스스로 문제를 해결할 때까지 말없이 기다려줘야 한다. 시간이 걸리겠지만 스스로 해결하면서 성취감을 느끼도록 해야 한다.

• 네 명이 성공을 하면 여덟 명, 열여섯 명이 모여 같은 방법으로 손을 잡고 풀도록 한다.

16 철봉 놀이

• **관련 단원** 체육 건강 활동, 도전 활동

철봉에서 하는 여러 가지 놀이다. 철봉은 대근육과 소근육 발달에 도움을 주고 인내심과 끈기를 기를 수 있다. 지구력을 기르는 데 좋은 활동이다.

01 오래 매달리기

1 철봉에서 오래 매달리는 놀이다. 두 발을 들고 오래 매달려야 한다.

2 철봉을 잡을 때는 엄지손가락이 철봉 밑으로 가게 하고, 나머지 네 손가락이 철봉 위로 가게 잡아야 안전하다.

02 철봉에 매달린 친구 떨어뜨리기

1 철봉에 매달려 발을 사용하여 친구를 떨어뜨리는 놀이다.

2 친구가 다치지 않도록 내 발로 친구의 발을 잡아야지 발로 차면 안 된다.

03 철봉 한 발 뛰기

1 술래를 한 명 정한다.

2 술래가 아닌 사람은 철봉에 매달려 있다가 힘껏 멀리 뛰어내린다. 그런 다

음 모둠발로 한 발을 더 뛴다. 술래는 철봉에 매달려 있다가 힘껏 멀리 뛰어내린다. 그런 다음 손을 뻗어 다른 사람을 잡는다. 잡힌 사람이 술래가 된다.

3 만약 아무도 술래에게 잡히지 않았다면 술래가 아닌 사람은 두 발짝을 뛰어 철봉이 있는 곳까지 돌아와야 한다. 만약 두 발짝을 뛰어 철봉 있는 곳까지 돌아오지 못하면 술래가 된다.

17 얼음 피구

- **관련 단원** 체육 건강 활동, 도전 활동
- **준비물** 천으로 만든 주사위

"얼음"이라고 외치면 모두 움직이지 말고 그 자리에 멈춘다. 공격팀이 수비팀 중의 한 명을 공으로 맞히는 피구 활동이다. '얼음 땡' 술래잡기를 변형한 피구 활동이다.

놀이방법

1 전체를 짝수팀과 홀수팀으로 나누고 활동 범위를 정해준다. 색 조끼를 입어 팀을 구별한다. 누군가 한 사람이 천으로 만든 주사위를 던진다.

2 주사위를 던져서 짝수가 나오면 주사위와 가까운 곳에 위치한 짝수 팀원 중 한 명이 주사위를 들고 "얼음"이라고 외친다. 그러면 모든 사람들은 얼음처럼 그 자리에 멈춘다. "얼음"이라고 외치기 전까지 다른 모든 사람들은 주사위를 갖고 있는 사람으로부터 되도록 멀리 이동한다.

3 주사위를 든 사람은 상대팀의 한 명을 주사위를 던져 맞힌다. 맞히면 1점

을 획득하고 게임을 다시 시작한다. 상대팀은 그 자리에서 주사위를 피할 수 있다. 그러나 주사위를 갖고 있는 사람의 주변에 상대팀이 없으면 주사위를 우리 팀에게 두 번까지 전달할 수 있다. 전달하다 주사위를 땅에 떨어뜨리면 공격의 기회를 상실하고 게임을 다시 시작한다. 주사위를 전달받은 사람은 상대 팀을 맞힐 수 있다.

4 주사위를 던져 홀수가 나오면 홀수 팀원 중 한 명이 "얼음"이라고 외친다. 경기 종료 후 많은 점수를 획득한 팀이 승리한다.

18 수건 술래잡기

- **관련 단원** 체육 건강 활동
- **준비물** 수건

교실 같은 좁은 공간에서 할 수 있는 체육 놀이다. 수건으로 친구를 맞히는 술래잡기 활동이다.

놀이방법

1 교실 책상을 네 개씩 붙여 활동할 수 있는 공간을 만든다. 책상을 한쪽으로 밀지 않고 중간중간에 책상을 놓고 활동하면 학생들이 빨리 달릴 수 없어 더 효과적이다.

2 술래를 한 명 정한다. 술래는 수건 한 개를 들고 학생들이 걸을 수 있는 걸음 수를 말한다. 술래는 네 발 이내로 부를 수 있다. 술래가 세 발을 불렀다면 다른 학생들은 세 발을 움직인다. 가능한 술래와 멀리 떨어지도록 걷는 것이 좋다.

3 술래는 한 발 적은 두 발을 걷고 갖고 있는 수건으로 다른 친구들을 맞힌다. 술래가 던진 수건에 맞으면 맞은 사람이 술래가 된다. 다른 친구들은 술래가 던진 수건을 피하거나 잡을 수 있다. 그러면 술래가 또다시 술래가 된다.

19 보트 피구

• **관련 단원** 체육 경쟁 활동
• **준비물** 스펀지 공

교실 같은 좁은 공간에서 할 수 있는 체육 활동이다. 교실에서 할 수 있는 변형된 피구 놀이로, 피구공보다는 스펀지로 만든 공을 사용하는 것이 안전에 더 좋다.

놀이방법

1 네 명을 한 모둠으로 책상 네 개를 붙여놓는다. 책상은 보트가 되고 바닥은 바다가 된다. 각자 책상 위에 양반다리를 하고 앉는다.

2 각 모둠의 대표 한 명이 가위바위보를 하여 먼저 공격할 모둠을 정한다. 공격하는 모둠은 스펀지 공을 던져 다른 모둠의 사람을 맞힌다. 공격 모둠이 던진 공에 맞은 사람은 아웃이 되어 바닥에 내려앉는다. 공을 피하거나 잡으면 아웃이 안 된다. 다른 모둠이 던진 공을 잡으면 아웃된 우리 모둠의 한 사람을 살린다. 모둠끼리 동맹을 맺고 일부러 살릴 수는 없다. 살리는 순서는 먼저 아웃된 사람부터 살린다. 그리고 공을 잡은 사람은 다른 사람을 공격할 수 있다. 같은 모둠의 다른 사람에게 공을 양보할 수 없다.

3 바닥에 앉은 사람들은 바닥에 떨어진 공을 집어 자기 모둠원에게 전달할 수 있다. 바닥에 있는 사람이 공을 가지러 이동할 때는 서서 이동할 수 없고, 앉은 상태에서 이동해야 한다.

4 제한된 시간 동안 많은 인원이 살아남은 모둠이 승리한다.

20 눈 감고 술래잡기

- **관련 단원** 체육 건강 활동
- **준비물** 눈가리개, 스펀지 공

교실 같은 좁은 공간에서 할 수 있는 체육 활동으로 교실에서 할 수 있는 변형된 피구 놀이다. 피구공보다는 스펀지로 만든 공을 사용하는 것이 안전에 더 좋다.

놀이방법

1 술래를 한 명 정하고, 눈을 가린다.

2 술래가 열을 세는 동안 다른 친구들은 술래가 알아차리지 못할 곳에 숨는다. 책상을 옮겨서 책상 밑에 숨어도 되고 의자 위에 올라가도 된다.

3 술래는 다른 사람을 찾으러 간다. 술래에게 잡힌 사람은 칠판 밑으로 이동한다. 술래가 아닌 사람들은 한쪽 발은 땅에 고정한 채 다른 한쪽 발만 옮기면서 술래에게 잡히지 않게 몸을 움직일 수 있다.

4 제한된 시간이 지난 후 술래에게 잡힌 사람들끼리 가위바위보를 하여 술래를 정한다. 활동을 계속한다.

놀이의 팁 Tip

- 술래는 눈을 감고 하기 때문에 천천히 움직이도록 한다. 다른 사람들은 위험한 곳에 올라가지 않도록 한다.

21 지그재그 공 던지기

- **관련 단원** 체육 경쟁 활동
- **준비물** 피구공

같은 팀끼리 지그재그로 서서 공을 주고받는 활동이다. 우리 팀 옆에 상대 팀이 서 있기 때문에 집중하지 않으면 우리 팀 공이 상대방 공에 맞을 수 있고, 잘못 던지면 상대방이 공을 받을 수 있다. 집중력과 민첩성을 기를 수 있는 놀이다.

놀이방법

1 반 전체를 두 팀으로 나눈다. 팀 구별을 위해 다른 색의 조끼를 입는다.

2 각 팀을 두 줄로 만들고, 같은 팀끼리 두 명씩 2m의 거리에 마주 보고 선다. 팀원끼리 옆줄을 맞추어 선다. 다른 팀원들은 우리 팀원 사이사이에 한 명씩 선다. 내 앞에 정면으로 마주 보는 사람은 다른 팀원이 되고, 그 팀

원 옆에는 우리 팀원이 되도록 지그재그로 선다.

3 맨 가장 자리에 있는 사람이 각각 피구공을 갖고 시작한다. 시작 신호가 울리면 공을 갖고 있는 사람은 마주 보이는 사람 옆에 서 있는 우리 팀원에게 공을 던진다. 공을 받은 사람은 마주 보이는 같은 팀원에게 공을 전달한다. 지그재그로 공을 전달하면서 우리 팀 맨 끝 사람에게까지 공을 전달한다. 공을 전달하다가 떨어뜨리면 던졌던 사람이 주워서 다시 던져준다.

4 공을 받은 끝 사람은 공을 던져준 사람에게 다시 공을 던져준다. 이렇게 처음에 공을 갖고 있던 사람에게 다시 공이 돌아오게 하면 된다.

5 정확하고 빠르게 돌아오도록 한 팀이 우승한다.

놀이의 팁 Tip

- 같은 팀원끼리의 거리를 3m로 넓혀 설 수 있다.
- 한 팀이 공을 두 개 또는 세 개로 할 수 있다.
- 세 개의 팀으로 만들 수 있다.

22 인간 골프

• **관련 단원** 체육 도전 활동
• **준비물** 눈가리개

운동장이나 체육관에 지름이 1m 정도 되는 원을 그려놓고, 적당한 거리에서 눈을 가리고 원 안으로 이동하는 활동이다. 거리 감각을 익히는 놀이다.

놀이방법

1 네 명을 한 모둠으로 모둠별로 활동한다.
2 운동장이나 체육관에 지름이 1m 정도 되는 원을 그려놓고, 5m 정도의 거리에 출발선을 긋는다. 네 명이 모두 출발선에 서서 눈을 가린다.
3 시작 신호가 울리면 모두 원으로 천천히 걸어간다. 원 안에 다 왔다고 생각하면 서서 눈가리개를 벗는다.
4 원에 제일 가깝게 선 사람이 1점을 획득한다.
5 출발선의 거리를 넓혀가며 활동을 계속한다.

23 앉은뱅이 술래잡기

• **관련 단원** 체육 도전 활동

운동장에서 활동 구역을 정해놓고 술래가 잡으려고 할 때 잡히지 않도록 달리는 운동이다. 민첩성과 순발력을 기르는 데 도움이 되는 놀이다.

놀이방법

1 술래를 한 명 정한다. 술래는 양팔을 벌려 비행기 흉내를 내며 다른 사람을 잡는다. 다른 사람은 도망가다가 술래가 다가오면 "앉은뱅이!" 하며 그 자리에 앉으면 잡히지 않는다. 자리에 앉은 사람은 스스로 일어나 달릴 수 없으나 술래가 아닌 다른 친구들이 터치해주면 일어나 달릴 수 있다.

2 술래에게 잡힌 사람은 또 다른 술래가 되어 양팔을 벌리고 다니면서 술래가 아닌 다른 사람을 잡는다. 모든 사람을 다 잡을 때까지 활동을 계속한다. 모두 술래가 되면 활동을 마치고 처음부터 다시 시작한다.

놀이의 팁 Tip

- 활동 구역을 정하고 구역을 벗어나면 술래가 되도록 한다.

24 몸 계명 노래

• **관련 단원** 음악 연주 활동

몸으로 계명을 연주하며 노래를 부르는 활동으로 리듬 감각을 익히는 데 도움이 되는 놀이다.

놀이방법

1 여덟 명을 한 모둠으로 모둠 활동을 한다.

2 옆으로 한 줄로 서서 '도레미파솔라시도'의 역할을 한다. 맨 왼쪽에 서 있는 사람은 '도'가 되고 그 옆에 서 있는 사람은 '레'가 된다.

3 반음이 없는 노래를 부르며 자기의 계명에 해당하는 사람은 앉았다 일어선다. 계이름의 '도'를 연주할 때는 '도' 역할을 하는 사람이 앉았다 일어나면 된다. '솔솔라라 솔솔미'라는 노래를 부른다면 '솔'을 맡은 사람이 두 번 앉았다 일어나고, '라'를 맡은 사람이 두 번 앉았다 일어난다. 다음 '솔'을 맡은 사람이 두 번 앉았다 일어나고 '미'를 맡은 사람이 한 번 앉았다 일어난다.

25 젠텔 픽셀 꾸미기

- **관련 단원** 미술 디자인
- **준비물** 도화지(흰색, 검은색)

그림을 여러 조각으로 나누고 조각별로 다른 무늬를 넣어 꾸미는 활동으로 집중력과 창의력을 기르는 데 도움이 된다.

놀이방법

1 도화지에 그리고 싶은 동물을 연필로 그린다. 연필로 그림을 열 조각으로 나눈다.

2 조각별로 다른 무늬를 넣어 꾸민다. 예를 들어 무늬는 한국적인 문양이 들어가도록 하거나 한글 글씨체를 여러 모양으로 넣어도 좋다.

3 동물의 윤곽을 오리고 검은색 도화지에 붙인다.

26 공 띄우기

• **관련 단원** 미술, 체육 표현 활동
• **준비물** 빨대, 스티로폼 공

빨대를 이용하여 공을 띄우는 활동으로 집중력 기르는 데 도움이 된다.

놀이방법

1 각자 빨대 하나와 작은 스티로폼 공을 하나씩 나눠준다. 빨대를 'ㄴ'자 모양으로 구부린 다음 빨대 위에 스티로폼 공을 올려놓을 수 있도록 빨대의 끝 부분을 가위로 조금 잘라 벌린다.

2 마치 고래가 물을 품는 모습처럼 보이도록 빨대의 구부러진 부분에 고래 그림을 그려 붙인다.

3 입으로 적당한 세기의 바람을 불어 스티로폼 공이 공중에 떠 있도록 한다.

27 작품 속 주인공 되기

- **관련 단원** 미술, 체육 표현 활동
- **준비물** 풍속도

풍속도의 그림을 보고 그림 속의 등장인물이 되어 작품을 표현하고 행동해보는 활동으로 상상력을 키우는 역할 놀이이다.

놀이방법

1 여섯 명을 한 모둠으로 모둠별 활동을 한다.

2 모둠별로 풍속도 하나를 선택한다. 작품 속의 등장인물은 시간이 지나면서 어떤 행동을 했을까 의논한다. 등장인물의 역할을 정한다. 그림 속의 등장인물이 여섯 명이라면 각각 한 인물씩 역할을 맡으면 된다. 만약 작품 속의 등장인물이 세 명이라면 두 번 활동할 수 있다.

3 처음 모둠부터 작품 속의 모습을 몸으로 표현한다. 선생님이 "큐" 하고 소리치면 작품 속의 등장인물들은 이후에 어떤 행동을 했을지 상상하여 움직인다. 예를 들어 그네 타는 사람의 역할을 맡은 사람은 그네를 타다가 떨어지는 흉내를 낼 수 있다. 선생님의 "얼음" 소리가 들리면 곧 동작을 멈추고, "큐" 소리가 들리면 다시 움직인다.

4 활동이 끝난 후 궁금한 점을 질문하고 답하는 시간을 갖는다.

28 과, 현, 미의 모습

- **관련 단원** 미술 회화 활동
- **준비물** 도화지, 물감

과거, 현재, 미래의 나의 모습을 그림으로 표현하고 꿈을 키워나가는 활동이다. 과거와 현재는 내가 겪은 경험들을 상징적으로 표현하고, 미래의 나의 모습은 나의 꿈을 표현한다. 친구를 이해할 수 있는 기회가 된다.

놀이방법

1 네 명을 한 모둠으로 하여 모둠별 활동을 한다.

2 각자 도화지에 큰 나무를 하나 그린다. 뿌리 부분에는 과거의 나의 모습을, 줄기는 현재의 모습, 열매에는 미래의 나의 모습을 상상하며 그림으로 표현한다.

3 과거와 현재는 내가 겪은 경험들을 상징적으로 표현한다. 예를 들어 해외여행이 기억에 남는다면 비행기를 그려 넣거나 미래에 의사가 되고 싶은 꿈이 있다면 청진기를 그려 넣으면 된다.

4 돌아가며 무엇을 의미하는지 이야기하고 궁금한 것을 물어본다.

놀이의 팁 Tip

- 힘들거나 아쉬웠던 기억 또는 즐거웠던 기억들을 나눌 수 있다.

29 이미지 만들기

• **관련 단원** 미술 디자인
• **준비물** 잡지, 도화지, 가위, 풀

잡지에서 나의 모습을 상징하는 이미지를 찾는 놀이다. 잡지의 그림 중에서 나의 과거의 모습, 현재의 모습, 미래의 모습을 나타낼 수 있는 그림을 찾아 나와 어떤 면이 같은 이미지를 나타내는지 이야기를 나누는 활동이다. 모둠별로 이야기를 나누면서 친구의 살아온 과정을 알게 되고, 친구를 이해하게 된다.

놀이방법

1 네 명을 한 모둠으로 모둠별 활동을 한다.

2 모둠별로 잡지 네 권을 나눠준다. 잡지는 돌려가며 볼 수 있다. 잡지에서 나의 과거의 모습, 현재의 모습, 미래의 모습을 상징하는 이미지를 각각 한 장씩 찾는다. 찾은 세 장의 그림을 오려서 자신의 도화지에 붙인다.

3 찾은 그림은 나와 어떤 면이 같은 이미지를 나타내는지 모둠에서 돌아가며 이야기를 나누는 활동을 한다.

4 이야기를 듣는 친구들은 이야기를 들으면서 배울 점, 느낀 점, 실천할 점을 한 가지씩 적는다. 친구의 발표가 끝나면 내가 적은 내용을 읽어준다.

놀이의 팁 Tip

- 과거에 많이 아파서 병원에 입원한 경험이 있다면 병원과 관련된 그림을 선택하면 된다. 현재 내가 예쁜 강아지를 기르고 있어 행복하다면 강아지와 관련된 그림을 선택하고, 미래에 과학자가 되고 싶다면 과학과 관련된 그림을 선택하면 된다.
- 이야기를 나누면서 친구의 살아온 과정을 알게 되고, 친구를 이해하게 될 것이다. 자기의 생각이나 느낌을 발표할 때는 반 전체 인원 앞에서 발표하기보다는 소그룹인 모둠 안에서 발표하는 것이 좋다. 같은 시간 안에 많은 인원이 발표할 수 있으며 발표를 부끄러워하거나 두려워하는 학생들도 편안하게 참여할 수 있다. 따라서 모둠원의 인원은 네 명에서 여섯 명 정도로 구성하는 것이 좋다.

30 인생 피자

- **관련 단원** 미술 표현 활동
- **준비물** 도화지, 물감, 감정 카드

피자 모양의 그림에 지난 시절의 감정을 색으로 표현하며 이야기 나누는 활동으로 친구의 마음을 이해하는 데 도움이 되는 놀이다.

놀이방법

1 네 명을 한 모둠으로 모둠별 활동을 한다.

2 각자 도화지에 둥근 피자 모양을 그린다. 피자 모양을 여러 조각으로 나눈다.

3 경계면에 몇 살인지 표시한다. 지난 시절의 감정을 자기가 생각한 색으로 색칠한다. 슬프고 힘든 경험이었다면 검은색으로 표현할 수 있고, 기쁘고 즐거웠던 경험이었다면 밝은 노란색 등으로 표현할 수 있다. 면의 크기와 나이는 자유롭게 표시한다.

4 나의 삶에 큰 영향을 미치고 있다면 피자 조각 크기를 크게 하고, 별로 영향을 미치고 있지 않다면 피자 조각 크기를 작게 한다.

5 첫 번째 친구의 그림을 보고 다른 사람들은 이때는 어떤 감정이었을지 감정 카드를 내밀며 맞혀본다. 첫 번째 친구가 이때는 언제이고 어떤 일이 있었는지 등에 대하여 자기 그림을 설명한다. 다른 친구들은 발표하는 친구의 감정을 잘 이해하고 있었는지 확인한다.

6 돌아가며 자기 그림을 소개하는 활동을 한다.

31 물감 흘리기

• **관련 단원** 미술 표현 활동
• **준비물** 도화지, 물감, 붓

도화지에 물이 많이 섞인 물감을 떨어뜨리고 그 물감이 자유롭게 도화지에 흐르도록 도화지를 기울인다. 한 가지 혹은 몇 가지의 원하는 물감을 떨어뜨리고 흘리면 물감끼리 섞여 전혀 예상치 못한 모양의 그림이 된다. 그림을 활용해 나의 삶을 이야기하는 시간이다. 나의 경험들을 친구에게 이야기하다 보면 자신을 표현하는 능력도 생기고, 자신의 슬픈 기억이나 즐거운 기억들을 이야기하다 보면 마음이 편해지는 치유의 시간을 가질 수 있다.

놀이방법

1 네 명을 한 모둠으로 하여 모둠별 활동을 한다. 각자 도화지에 붓으로 물이 많이 섞인 물감을 찍는다. 그리고 도화지를 원하는 쪽으로 기울여 물감이 자유롭게 흐르도록 한다. 여러 색의 물감을 찍어 흐르도록 하면 물감끼리 섞여 전혀 예상치 못한 그림이 나온다.

2 활동이 끝난 후 조별로 자기의 작품에 대한 자기의 느낌을 이야기하도록 한다. 이야기의 주제는 '나'이다. 그림을 보고 나의 어떤 모습이 표현되었는지, 나와 어떤 점이 닮았는지, 나의 어떤 경험이 생각이 나는지, 나의 과거, 현재 미래의 모습과 어떤 점이 비슷한지 등을 돌아가며 이야기하도록 한다.

3 다른 친구들은 친구의 설명을 듣고 궁금한 것을 질문한다. 친구의 이야기를 들으며 친구의 힘든 경험은 위로해주고, 기쁜 경험은 함께 기뻐해주는 시간을 갖는다.

- 그림에 소질이 없다고 생각해서 활동을 꺼리는 학생들도 부담 없이 참여할 수 있는 수업이다.

고학년 때는 자아 의식이 성장하고 자기주체성이 드러나면서
학교에서나 가정에서 반항적인 행동을 하는 경우가 생깁니다.
또한 자기중심적인 성향도 생기고 또래집단에 예민하게 반응합니다.
친구들과 싸움도 잦아지고 많은 감정 기복도 겪게 되지요.
그로 인해 친구 관계에서 갈등이 생겨나고 여러 오해가 생기게 됩니다.
그래서 고학년 때는 친구들과 사이좋게 지낼 수 있도록
학교 폭력을 예방할 수 있는 다양한 수업 놀이를 경험하는 것이 중요합니다.
또래 간의 즐거운 관계 형성을 통해 슬기로운 학교생활을 할 수 있도록
돕는 다양한 놀이 활동을 소개합니다.

Part 6

기타 수업 놀이

단원별 놀이 찾아보기

창체 활동

01 이런 경험 있어요 | 02 패션쇼 | 03 천국 여행 | 04 스마일존 웃음 | 05 명상하기 | 06 장애 체험 | 07 왕과 거지 묵찌빠 | 08 징검다리 건너기 | 09 과자 먹기 | 10 상대편 웃기기 | 11 순위 조사 | 12 공공의 이익이냐, 개인의 이익이냐 | 13 의견 나누기 | 14 상금 주기 | 15 컵 쌓기 | 16 파이프로 구슬 나르기 | 17 협동 글씨 쓰기 | 18 탁구공 입김으로 불기 | 19 병뚜껑 멀리 보내기 | 20 마피아 게임 | 21 긴 줄 만들기 | 22 깃털 옮기기 | 23 누구일까? | 24 출구 찾기 | 25 없어진 사람 찾기 | 26 두 발 가기 | 27 실타래 풀기 | 28 톱니바퀴 돌기 | 29 봉투 벗기기 | 30 인간 빙고 게임 | 31 우리의 공통점 찾기 | 32 고무줄로 컵 쌓기 | 33 룩송티닉

친교 활동

01 이런 경험 있어요 | 03 천국 여행 | 04 스마일존 웃음 | 07 왕과 거지 묵찌빠 | 09 과자 먹기 | 10 상대편 웃기기 | 18 탁구공 입김으로 불기 | 19 병뚜껑 멀리 보내기 | 20 마피아 게임 | 21 긴 줄 만들기 | 22 깃털 옮기기 | 23 누구일까? | 24 출구 찾기 | 25 없어진 사람 찾기 | 26 두 발 가기 | 27 실타래 풀기 | 28 톱니바퀴 돌기 | 29 봉투 벗기기 | 30 인간 빙고 게임 | 31 우리의 공통점 찾기 | 33 룩송티닉

01 이런 경험 있어요

• **관련 단원** 창체 활동, 친교 활동

전체가 둥글게 원으로 앉아 자리를 바꾸는 놀이다. 교실에서 할 수 있는 활동으로 학교생활을 하면서 겪은 여러 경험들을 이야기하면 친구를 더 깊게 이해할 수 있게 된다.

놀이방법

1 모둠 전체가 둥글게 원으로 앉는다. 자기 의자에 앉는 것이 좋다.

2 의자는 전체의 인원보다 한 개 적게 놓는다. 술래 한 명은 의자에 앉지 않고 선다.

3 술래를 한 명 정하고, 술래가 먼저 "나는 왕따를 경험한 적이 있어요."라고 하면, 왕따를 경험한 적이 있는 사람은 자기 자리에서 일어나 다른 자리에 앉는다.

4 술래는 다른 사람이 일어난 빈자리에 빨리 앉는다. 그러면 누군가 한 사람은 자리에 못 앉게 되어 술래가 된다.

5 술래가 된 사람은 "나는 친구와 심하게 싸워본 적이 있어요."라고 하며 자기의 경험을 말하고, 같은 활동을 한다.

6 두 번 연속으로 술래가 된 사람은 벌칙을 받는다.

놀이의 팁 Tip

- 술래와 같은 경험을 한 사람이 일어나는 것이므로 같은 경험이 있는 사람이 안 일어나더라도 증명할 길은 없다. 따라서 양심에 따라 활동해야 함을 일러주는 것이 좋다.
- 경험을 한 것으로 그치는 것보다는 왕따를 경험한 사람들의 그때의 마음과 고충을 들어보고, 왕따 문제를 해결하는 방법에 관해 서로 의견을 나누는 활동으로 연결시키는 것이 더욱 효과적이다.

02 패션쇼

• **관련 단원** 창체 활동
• **준비물** 신문지, 셀로판테이프, 매직 등

네 명이 함께하는 모둠 활동으로 신문지로 멋진 의상을 꾸미는 표현 놀이다. 더 나아가 다른 나라의 전통의상을 꾸미는 활동으로 이어지면 그 나라의 전통과 문화를 학습하는 효과적인 활동을 할 수 있다. 창의력과 상상력을 키우는 데 도움이 된다.

놀이방법

1 네 명을 한 모둠으로 모둠 활동을 한다.
2 모둠별로 신문지 여덟 장과 셀로판테이프를 나눠준다.
3 모둠의 네 명 중 한 명을 모델로 정하고, 나머지 세 명은 디자이너가 되어 신문지로 모델에게 멋진 의상을 꾸며 입힌다.
4 모델 한 명씩 멋진 패션쇼를 펼친다.

놀이의 팁 Tip

- 세계 여러 나라의 전통의상을 꾸미도록 할 수 있다.

03 천국여행

• **관련 단원** 창체 활동, 친교 활동
• **준비물** 깔개

술래를 한 명 정하고 술래를 들어 올려 천국을 경험하도록 하는 놀이이다. 사춘기를 겪는 아이들에게 소중한 삶이 무엇인지 생각해보게 할 수 있는 기회를 제공한다.

놀이방법

1 아홉 명을 한 모둠으로 모둠 활동을 한다.

2 술래를 한 명 정하고 깔개 위에 눈을 감고 눕도록 한다.

3 주변의 사람들이 술래 양옆으로 앉아서 술래 몸 밑으로 팔을 넣고 맞잡는다. 이때 팔과 팔을 잡아야 한다. 손목을 잡으면 미끄러져 놓칠 수 있다.

4 신호에 따라서 술래를 천천히 들어 올린다. 머리 위로 올리고 교실 한 바퀴를 천천히 돈다. 선생님이 따라다니며 떨어질 것을 대비해야 한다. 선생님의 신호에 따라서 천천히 내려놓는다.

5 선생님은 천국여행이라는 멘트를 잘 해야 한다. 누워 있을 때는 죽음이라 생각하고 죽는 사람들은 무슨 생각을 할지 상상해보도록 한다.

6 돌아가며 활동한 후 느낌을 나눈다. 죽음 앞에서는 사소한 것으로 친구와 싸우는 일이 얼마나 헛된 일인가 느끼게 한다.

04 스마일존 웃음

• **관련 단원** 창체 활동, 친교 활동
• **준비물** 도화지, 색연필

교실 입구에 스마일존을 만들어놓고 스마일존을 밟으면 웃는 놀이이다. 아침 등교하면서 교실에 들어올 때 한 번씩 웃으며 하루를 시작할 수 있는 활동이다. 자주 할 수 없는 활동이므로 등교나 하교할 때 활용하면 좋다.

놀이방법

1 교실 입구에 발판을 깔아 스마일존을 만든다. 스마일존의 표시로 동그란 그림을 그려도 좋다.

2 교실에 들어올 때는 스마일존을 밟고, 한 번씩 웃고 들어오도록 한다.

3 하교할 때 스마일존을 밟고 웃게 하면 학생들과 즐겁게 헤어질 수 있다.

놀이의 팁 Tip

- 놀이를 시작하게 되면 학생들은 잘 웃지 못한다. 웃는 것을 얼마나 어색해 하는지 모른다. 평소에 잘 웃는 경험이 없는 사람은 더욱 쑥스러워한다. 자주 하다 보면 습관이 되어 웃는 것이 자연스러워질 것이다. 웃음이 있는 교실을 만드는 데 도움이 되는 활동이다.

05 명상하기

- **관련 단원** 창체 활동
- **준비물** 조용한 명상 음악

자연의 음악을 들으며 명상하는 활동이다. 하루 일과를 시작하기 전에 매일 5분씩 실시하면 차분한 마음으로 하루를 시작할 수 있어 학교 폭력을 줄이는 효과가 있는 활동이다.

01 자연음악 들으며 명상하기

1 책상 위에 양반다리로 앉는다. 허리를 곧게 펴고 바른 자세로 앉게 한다. 손을 무릎 위에 올려놓고 자연의 음악을 들으며 명상한다.

2 처음에는 아무 말도 해주지 않고 음악만 틀어준다.

3 잠시 후 주제를 정해주는 것이 좋다. (예 : 절제를 해야 하는 데 잘 안 되는 것은 무엇인가요? 왜 안 된다고 생각하나요? 조용히 생각해봅시다.)

4 움직이고 싶지만 참고 움직이지 않는 절제의 힘이 필요하다는 것을 알려준다. 명상을 하면서 느낀 점은 무엇인지 나눈다. 명상체조를 하고 마친다.

02 색깔 명상하기

1 책상 위에 양반다리로 앉는다. 허리를 곧게 펴고 바른 자세로 앉게 한다.

2 색깔의 방에 들어왔다는 것을 알려주고 어떤 느낌이 드는지 조용히 명상

하게 한다. (예 : 빨간색 방에 들어와 있어요. 산타크로스 할아버지가 살고 있는 방에요. 오렌지색 방에 들어왔어요. 벽도 오렌지색이고 바닥도 온통 오렌지색이에요.)

06 장애 체험

• **관련 단원** 창체 활동
• **준비물** 스펀지로 만든 반환점

장애 체험 주간에 활동하면 좋은 놀이다. 장애 체험을 통해 장애인에 대한 인식을 바꿀 수 있는 활동이다.

놀이방법

1 세 명을 한 모둠으로 하고 모둠 역할을 정한다.

2 첫 번째 사람은 움직일 수 있으나 눈을 가리고 있어 보지 못한다. 두 번째 사람은 보고 말을 할 수 있으나 움직이지 못한다. 세 번째 사람은 볼 수는 있으나 말을 하지 못하고 움직일 수 없다.

3 첫 번째 사람이 출발선에 서고, 출발선 6m 앞에 스펀지 주사위 물건을 놓는다. 출발선 옆에 세 번째 사람이 목표 지점을 보고 선다. 두 번째 사람은 목표 지점에 있는 물건을 볼 수 없고 세 번째 사람만 바라봐야 한다.

4 세 번째 사람이 목표 지점을 보고 몸짓으로 두 번째 사람에게 설명한다. 두 번째 사람은 그 몸짓을 보고 "똑바로 가, 오른쪽으로 가, 왼쪽으로 가, 앉아." 등의 말을 한다. 첫 번째 사람은 두 번째 사람이 말하는 대로 움직여 목표물을 잡는다.

5 제일 빨리 목표물을 잡는 모둠이 점수를 획득한다. 역할을 바꾸어가며 활동한 후 느낌을 나눈다. 장애를 갖고 있으면 얼마나 힘들지 직접 느끼도록 하는 수업이다.

07 왕과 거지 묵찌빠

• **관련 단원** 창체 활동, 친교 활동

'묵찌빠'를 하며 승리하면 한 칸씩 신분 상승을 한다. 임금에게까지 가면 임금에게 인사를 하고 도전해야 하는 놀이로 친구를 사귈 수 있어 새 학기 활동으로 좋다.

놀이방법

1 한 조를 대여섯 명 정도로 정하고 활동한다.

2 가위바위보를 하여 1등을 한 사람은 임금으로 맨 위쪽에 앉는다. 그리고 다른 사람들은 이긴 순서대로 임금 옆자리에 앉는다. 맨 마지막까지 진 사람은 거지 역할을 한다. 거지는 앉을 자리가 없다.

3 거지는 임금과 가장 멀리 앉아 있는 사람, 즉 맨 아래쪽에 있는 사람과 '묵찌빠'를 한다. 거지가 이기면 한 칸 위에 있는 사람에게로 가서 '묵찌빠'를 한다. 만약 거지가 지면 앉아 있던 사람이 일어나고 거지는 일어난 사람의 의자에 앉는다. 앉아 있다 일어난 사람은 한 칸 옆에 있는 사람하고 '묵

찌빠'를 한다. 이기면 한 칸 옆으로 이동하지만 지면 '묵찌빠' 했던 사람이 앉아 있던 의자에 앉는다.

4 임금 자리에 앉아 있는 사람에게 도전할 때는 임금에게 인사를 하고 '묵찌빠'를 한다. 인사를 하지 않으면 거지로 돌아가게 되어 맨 아랫사람에게로 가서 '묵찌빠'를 한다. 인사를 한 후 임금에게 이기면 임금 자리에 앉아 임금이 된다. 임금이던 사람이 지면 거지가 되어 맨 아래에 앉아 있는 사람에게로 가서 '묵찌빠'를 한다.

08 징검다리 건너기

- **관련 단원** 창체 활동
- **준비물** 원판

원 모양의 스물다섯 개 원판을 어떻게 밟고 건너야 하는지 그림 경로를 본 후에 그림 경로대로 바르게 징검다리를 건너가는 놀이이다. 그림에 나와 있는 순서대로 원판을 밟아야 한다. 기억력이 좋아지는 활동이다.

놀이방법

1 원판 스물다섯 개를 정사각형의 모양으로 깔아놓는다.

2 학생들을 한 줄로 세워 출발할 순서를 정한다. 출발할 사람에게 맨 아래부터 맨 위까지 어떤 원판을 밟고 건너가야 하는지를 알려주는 그림 경로를 10초 동안 보여준다.

3 그림 경로대로 원판을 밟으며 출발하게 한다. 만약 경로에 맞지 않는 원판을 밟으면 종을 쳐서 탈락했음을 알린다. 탈락하면 다음 사람이 도전한다.

4 그림 경로는 출발할 사람에게만 보여주고 다른 사람은 보지 못하도록 한다. 탈락한 학생은 줄의 맨 뒤에 서서 다음 차례를 기다린다. 맨 위까지 건너가는데 성공한 사람은 1점을 획득하고 줄의 맨 뒤에 서서 다음 차례를 기다린다.

09 과자 먹기

- **관련 단원** 창체 활동, 친교 활동
- **준비물** 과자, 줄, 실

손을 안 대고 여러 가지 방법으로 과자를 먹는 놀이다. 친교 활동이나 체육 활동으로 좋다. 다양한 표정을 보면서 웃을 수 있다.

01 이마에 과자 올려놓고 손 안 대고 먹기

1 이마에 과자를 올려놓고 손을 안 대고 먹는 놀이다. 팀별 혹은 개인별 게임을 한다.

2 이마에 과자를 올려놓는다.

3 신호에 의해 손을 대지 않고 빨리 먹는 사람이 승리한다. 떨어뜨리면 아웃된다.

02 과자를 줄에 매달아놓고 손 안 대고 먹기

1 줄에 과자를 매달아놓고 손을 안 대고 먹는 놀이다. 팀별 혹은 개인별 게임을 한다.

2 손을 대지 않고 과자를 빨리 먹는 사람이 승리한다. 떨어뜨리면 아웃된다.

03 낚시로 과자 먹기

1 실로 묶은 과자를 입으로 올려서 먹는 게임이다.

2 팀별 혹은 개인별 게임을 한다.

3 1m의 실에 과자를 매단다. 입으로 실 끝을 문다.

4 신호에 의해 손을 대지 않고 끈을 입으로 끌어당긴다.

5 과자를 빨리 먹는 사람이 승리한다. 과자를 떨어뜨리면 아웃된다.

놀이의 팁 Tip

- 과자를 먹을 때 표정을 다양하게 하면 친구들에게 즐거움을 줄 수 있다.

10 상대편 웃기기

• **관련 단원** 창체 활동, 친교 활동

상대편을 먼저 웃게 만드는 짝 활동으로 친교 활동에 좋은 놀이다.

놀이방법

1 둘이 얼굴을 가까이 마주하고 눈을 본다.

2 오른손을 위아래로 흔들며 "멋있다."라는 말을 반복한다. 먼저 웃는 사람이 지는 활동이다.

3 눈을 마주 보고 "멋있다"라는 말을 반복하다 보면 웃음이 나오게 된다. 자주 싸우는 학생들에게 미션으로 하게 해도 좋다.

11 순위 조사

• **관련 단원** 창체 활동
• **준비물** 도화지

모둠별로 인기 순위를 만들고 다른 모둠은 순위에 나타난 내용을 알아내는 놀이다.

놀이방법

1 네 명을 한 모둠으로 모둠 활동을 한다.
2 각 모둠별로 '인기 있는 친구 순위'를 5순위까지 조사하여 도화지에 적는다. 어떤 친구들이 인기가 있는지 그 순위를 적는 것이다. 예를 들어 '친구의 말을 잘 들어주는 친구'가 1순위라면 맨 위에 1순위를 적는다.
3 다른 모둠과 우리 모둠이 적은 것을 비교하여 같은 내용이 있으면 그 내용에 별표를 한다. 별표를 많이 표시한 모둠이 점수를 획득한다.

놀이의 팁 Tip

• 주제는 다음과 같이 다양하게 바꿀 수 있다. 예를 들어 '김치의 훌륭한 점, 한복의 좋은 점, 이웃이 있어 좋은 점, 애완동물의 좋은 점' 등이 있다.

12 공공의 이익이냐, 개인의 이익이냐

- **관련 단원** 창체 활동
- **준비물** A4 종이, 바둑알

공공의 이익보다 개인의 이익을 추구하려다 보면 더 손해를 볼 수 있다는 것을 느끼게 하는 놀이이다. 개인의 이익만 추구하려는 학생이 많을 경우 활동하면 도움이 된다.

" 삼겹살이 닭갈비보다 맛있다!"

놀이방법

1 다섯 명을 한 모둠으로 모둠별 활동을 한다.

2 인원수의 대소를 구별하기 위하여 홀수로 편성한다. 각자 A4 종이를 한 장씩 갖고, 종이를 세 번 접어 여덟 조각으로 자른다.

3 자른 종이 한 장을 꺼낸다. 선생님이 내주는 문제에 '○' 또는 '×'로 답을 쓴다. 다른 사람이 보지 못하게 가리고 적는다. 문제는 다음과 같다. (예 : 개나리꽃보다 진달래꽃이 더 예쁘다 등)

4 각자 10점씩 갖고 시작한다. 각자 쓴 종이를 펼쳐 답을 보여준다. 모둠원이 모두 ○를 썼으면 모두 1점을 획득한다. 모둠원이 모두 ×를 썼으면 모두 마이너스 1점을 획득한다. 즉 1점을 잃는다. 그리고 인원이 다를 경우에는 많은 쪽은 1점을 뺏기고 적은 쪽은 그 점수를 분배하여 갖는다.
예를 들어 ○를 쓴 사람이 네 명이고, ×를 쓴 사람이 한 명이라면 ○를 쓴 사람이 많으므로 ○를 쓴 사람은 모두 1점씩 잃는다. 그럼 ×를 쓴 사람은 ○를 쓴 사람이 잃은 점수 4점을 획득하게 된다. 반대로 ×를 쓴 사람이 네 명이고 ○를 쓴 사람이 한 명이라면 ×를 쓴 사람은 1점씩 잃고 '○'를 쓴 사람은 4점을 획득한다. 만약 ○를 쓴 사람이 세 명이고, ×를 쓴 사람이 두 명이라면 ○를 쓴 사람이 많으므로 ○를 쓴 사람은 1점씩 잃고, ×를 쓴 사람은 인원이 적기 때문에 ○를 쓴 사람이 잃은 점수 3점을 1점씩 나눠 갖는다. 그럼 1점이 남게 되는데 1점은 다음 게임에 점수를 얻는 사람이 보너스 점수로 획득할 수 있게 하거나 그냥 무시하고 1점을 버려도 된다. 또는 ×를 쓴 사람끼리 가위바위보를 하여 이긴 사람이 1점을 획득하게 할 수 있다. 만약 ×를 쓴 사람이 세 명이고, ○를 쓴 사람이 두 명이라면 ×를 쓴 사람은 1점을 잃고, ○를 쓴 사람이 1점을 나눠 갖는다.
5 다음 종이를 한 장 꺼내놓고 다음 문제를 풀면서 게임을 이어간다.
6 여덟 번의 활동을 한 후 제일 많은 점수를 획득한 사람이 승리한다.

놀이의 팁 Tip

- 선생님의 문제는 답이 정확한 문제보다는 답이 불분명한 문제, 즉 ○도 정답이 될 수 있고, ×도 정답이 될 수 있는 것으로 문제를 내는 것이 좋다. 예를 들어 '겨울은 여름보다 좋다', '빨간색은 노란색보다 더 예쁘다' 등이

있다.

- 종이를 사용하지 않고 바둑알을 사용할 수 있다. ○이라고 생각하면 흰색 바둑알을 제시하도록 하고, 정답이 ×라고 생각하면 검은색 바둑알을 제시하게 한다. 그리고 열 개의 바둑알을 각자에게 나눠주고 점수를 잃는 사람들은 바둑알 한 개씩 가운데에 내놓고, 점수를 획득하는 사람들은 가운데에 놓인 바둑알을 나눠 갖게 해도 된다.

13 의견 나누기

• **관련 단원** 창체 활동

한 사건에 대해 나의 의견을 친구들과 나누면서 사람마다 다른 생각을 갖고 있다는 것을 알아가는 활동이다. 잘못된 행동에 대해 '이것은 잘못된 행동입니다'라고 바로 알려주지 않고 친구들과 이야기를 나누면서 깨닫게 하는 데 목적이 있다. 우리 사회에서 이슈가 되는 사건을 갖고 이야기를 나누는 것이 효과적이다.

놀이방법

1 네 명을 한 모둠으로 모둠별 활동을 한다.

2 다음과 같은 이야기를 들려주고 이야기에 나오는 등장인물에 대한 의견을 나눈다.

"부인을 암 병원에 입원시킨 남편은 의사에게 돈은 나중에 벌어서 줄 테니 당장 치료를 해 달라고 한다. 그러나 의사는 치료를 원하는 사람이 너무 많기 때문에 지금 돈을 갖고 오지 않으면 치료를 할 수 없다고 한다. 결국 부인은 죽었고, 남편은 의사 때문에 부인이 죽었다고 하며 의사를 폭행하여 감옥에 가게 되었다."

3 다음과 같은 주제로 서로의 의견을 나눈다. '남편의 행동에 대한 나의 생각은?, 의사에 대한 나의 생각은?, 내가 남편이라면 어떻게 했을까?, 내가 의사라면 어떻게 했을까?' 등이 있다.

4 이야기의 주제를 다음과 같이 바꿀 수 있다.

"A가 운전을 하는데 갑자기 다른 차 운전자인 B가 끼어들기를 하여 A가 급히 브레이크를 밟으며 머리를 운전대에 부딪쳤다. B는 아무런 일도 없었다는 듯 길을 달렸다. A는 화가 나서 B의 앞길을 막고 몽둥이로 B를 협박하며 공포심을 주었고 이로 인해 A는 감옥에 가게 되었다."

14 상금 주기

- **관련 단원** 창체 활동
- **준비물** 모형 돈, A4 종이

한 학기 동안 또는 일 년 동안 생활하면서 고마움을 느낀 친구에게 감사의 표시로 상금을 주는 활동이다. 나에게 도움을 준 친구를 칭찬하고 자기의 생활을 반성해볼 수 있는 놀이로 한 학기를 마무리할 때 좋은 활동이다.

놀이방법

1 각자 모두에게 각각 모형 돈 만 원짜리 다섯 장, 오천 원짜리 여섯 장, 천 원짜리 스무 장씩 나눠준다. 각자 돈에 자기 이름을 쓰도록 한다.

2 모두에게 A4 종이 한 장씩 나눠준다. 종이에 그동안 생활하면서 고마웠던 친구를 쓰고, 왜 고마웠는지 그 이유도 쓴다. 그리고 고마움에 대한 보답으로 얼마를 상금으로 줄 것인지 쓴다.

3 친구를 찾아가 고마움에 대한 감사의 표시를 하고 상금을 나눠준다.

4 활동을 마친 후 내가 준 돈과 받은 돈의 액수를 확인하며 자기 생활을 반성해보는 시간을 갖는다.

놀이의 팁 Tip

- 돈을 많이 받은 사람은 왜 많이 받았는지 이유를 들어보면서 자기의 생활을 돌아보도록 하면 좋다.

15 컵 쌓기

- **관련 단원** 창체 활동
- **준비물** 플라스틱 컵

컵을 빨리 쌓고 빨리 무너뜨리는 놀이다. 민첩성이 요구되는 놀이로 팀별로 릴레이 게임을 해도 좋다.

놀이방법

1 네 명을 한 모둠으로 한다. 출발선에서부터 2미터의 앞에 책상을 놓고 책상 위에 플라스틱 컵 열 개를 한 줄로 세워놓는다.

2 처음 사람이 컵 있는 곳으로 달려가 컵을 맨 밑에 네 개, 그 위에 세 개, 그 위에 두 개, 그 위에 한 개를 쌓는다. 쌓은 컵을 다시 다 허물어 처음 상태로 놓고 출발선으로 달려가 다음 사람에게 배턴을 넘긴다. 마지막 사람까지 빨리 끝내는 모둠이 승리한다.

16 파이프로 구슬 나르기

• **관련 단원** 창체 활동
• **준비물** 배드민턴 셔틀콕 통 또는 PVC 파이프, 구슬, 탁구공, 스펀지 공, 스티로폼 공

여러 명이 한 줄로 서서 파이프 위에 구슬을 한 개 올려놓고 구슬을 떨어뜨리지 않게 목적지까지 운반하는 활동이다. 구슬이 옆 사람에게 전달되면 신속하게 줄의 끝으로 이동하여 다시 구슬을 받을 준비를 해야 한다. 협동심을 키울 수 있는 놀이로 체육 시간에 활동해도 좋다.

놀이방법

1 원통의 배드민턴 셔틀콕 통을 길게 반으로 잘라 반 원통의 모양이 되도록 한다. 배드민턴 셔틀콕 통 대신에 60cm씩 자른 굵은 PVC 파이프를 길게 반으로 잘라도 된다. 자른 것을 각자 한 개씩 갖도록 한다.

2 여섯 명을 한 모둠으로 한다. 여섯 명이 옆을 보고 한 줄로 서서 갖고 있는 반원의 통을 연결한다.

3 처음 사람의 통에 구슬을 올려놓는다. 통을 기울면 구슬이 옆 사람의 통에 전달이 될 것이다. 옆 사람에게 구슬을 전달하면 즉시 줄 맨 뒤쪽으로 이동해 통을 연결하여 구슬을 받을 준비를 한다.

4 이렇게 구슬을 5m 거리에 있는 통 속에 넣으면 1점을 획득한다. 성공을 하면 다시 또 시작한다. 중간에 구슬이 떨어지면 처음 출발선부터 다시 시작한다. 제한된 시간에 점수를 제일 많이 받은 모둠이 승리한다.

놀이의 팁 Tip

- 구슬이 구르는 속도가 너무 빨라 처음에는 거의 실패를 하게 되므로 처음에는 스펀지 공이나 스티로폼 공으로 하는 것이 좋다. 조금 익숙해지면 탁구공으로 하고, 그다음 구슬로 단계를 높이는 것이 좋다.

17 협동 글씨 쓰기

- **관련 단원** 창체 활동
- **준비물** 연필, 연필을 묶을 끈

연필에 네 개의 끈을 매달고 네 명이 끈을 잡고 글씨를 쓰는 활동이다. 네 명이 같은 힘과 같은 방향으로 움직여야 글씨를 쓸 수 있게 되므로 협동심을 기르는 놀이다.

놀이방법

1 네 명을 한 모둠으로 한다. 연필에 네 개의 끈을 매단다. 한 사람이 끈을 하나씩 잡고 협동하며 글씨를 쓰는 활동이다.

2 선생님이 부르는 글씨를 빠르고 정확하게 쓰는 모둠이 승리한다. 글씨를 쓸 때는 줄만 잡아야지 펜을 잡으면 안 된다. 줄도 어느 부분을 잡아야 하는지 정확하게 알려줘야 한다. 처음에는 펜과 가까운 곳을 잡도록 하고 숙달이 되면 펜과 먼 곳을 잡도록 한다.

놀이의 팁 Tip

- 두꺼운 도화지를 반지름이 7cm가 되도록 원으로 자른 다음에 원의 중심에 연필을 꽂는다. 그리고 원 둘레의 네 군데에 실을 매달고 활동해도 좋다.

18 탁구공 입김으로 불기

- **관련 단원** 창체 활동, 친교 활동
- **준비물** 탁구공, 책상

탁구공을 입으로 불어서 상대팀 진영으로 보내는 놀이다. 친교에 좋은 활동으로 짝과 같이 할 수 있고, 팀별 릴레이 경기를 할 수 있다.

놀이방법

1 책상 두 개를 붙이고 책상 가운데에 탁구공을 올려놓는다.

2 두꺼운 도화지를 책상 옆면에 붙여서 탁구공이 책상 옆으로 떨어지지 않도록 한다.

3 책상 끝부분에 짝과 마주 보고 앉아 탁구공을 불 자세를 취한다.

4 신호가 울리면 입으로 탁구공을 불어서 상대 진영으로 떨어지도록 한다. 상대보다 세게 불어 상대 진영으로 떨어지게 하면 승리한다.

19 병뚜껑 멀리 보내기

- **관련 단원** 창체 활동, 친교 활동
- **준비물** 병뚜껑, 책상

병뚜껑을 손가락 두 개로 튕겨서 멀리 보내는 놀이다. 친구들과 친교 활동을 하면서 손가락 힘을 기를 수 있는 야외 놀이다.

놀이방법

1 책상 위에 병뚜껑을 두 개 올려놓는다. 두 명이 각각 한 개의 병뚜껑 앞에 선다.

2 신호가 울리면 손가락 두 개를 사용하여 병뚜껑을 힘껏 튕긴다. 병뚜껑을 멀리 보내는 사람이 승리한다.

놀이의 팁 Tip

- 체육 활동을 하면서 연산을 함께 배울 수 있다. 네 명을 한 모둠으로 하고 모둠이 튕긴 거리를 모두 더해서 제일 멀리 보낸 모둠이 승리하도록 할 수 있다. 거리는 칸으로 표시한다. 모둠과 모둠의 차를 구해서 어느 모둠이 얼마만큼 더 멀리 보냈는지 알아보면서 뺄셈도 할 수 있다.

20 마피아 게임

- **관련 단원** 창체 활동, 친교 활동
- **준비물** A4 종이

친구들의 이야기를 듣고 추리와 상상으로 진짜 마피아를 찾아내는 게임으로 친교와 협동 학습을 위한 놀이다.

놀이방법

1 반 전체가 둥글게 앉아 모두 눈을 감는다. 시간적 배경은 밤이다. 리더는 마피아를 세 명 정해주고 눈을 뜨게 하여 누가 마피아인지 서로 확인하게 한다. 그리고 의사 한 명, 경찰 한 명, 연인 두 명을 정해준다.

2 아침이다. 모두 눈을 뜬다. 어제 한 일을 돌아가며 이야기한다. 이야기 나눌 때 마피아는 겪지 않은 것을 겪은 것처럼 말한다. 마피아를 제외한 모든 사람은 시민인데 시민은 자기가 직접 겪은 것을 말한다.

3 역할을 안내한다. 마피아는 선량한 시민인 척하며 시민을 마피아로 몰아

아웃시킨다. 경찰은 밤에 마피아일 것 같은 사람을 한 명 지목하여 정체를 알 수 있다. 의사는 밤에 마피아에게 지목받았을 것 같은 시민 한 명을 지목하여 살린다. 연인 두 명은 자신의 연인이 아웃되면 함께 아웃된다. 나머지는 모두 시민으로 마피아를 찾아 아웃시킨다.

4 돌아가며 대화를 할 때 가짜를 말하고 있는 마피아가 누군지 추리한다. 마피아일 것 같은 사람을 후보로 한 명을 정한 뒤 아웃시킬지 살릴지 투표를 한다. 투표 전에 가장 많은 표로 지명된 사람에게 마지막으로 말할 기회를 준다. 아웃 표를 더 많이 받으면 아웃이 되어 의자를 조금 뒤로 뺀다. 아웃된 사람은 자신의 정체를 밝히고, 모든 비밀을 지키며 게임이 끝날 때까지 지켜본다.

5 다시 밤이 되고 모두 눈을 감는다. 마피아는 일어나 선량한 시민 중 아웃시킬 사람 한 명을 지명한다. 곧 의사는 일어나 마피아에게 지명당했을 것 같은 사람 한 사람을 선정하여 살린다. 경찰은 마피아일 것 같은 사람 한 사람을 지명하여 정체를 알아낸다.

6 낮이 되어 모두 눈을 뜬다. 마피아에게 지적되어 아웃된 사람을 발표한다. 게임 순서를 반복한다. 마피아가 모두 아웃되면 시민이 승리하고, 시민이 다섯 명 이상 아웃되면 마피아가 승리한다.

21 긴 줄 만들기

- **관련 단원** 창체 활동, 친교 활동
- **준비물** A4 종이, 셀로판테이프

A4 종이로 친구들과 협동하며 긴 줄을 만드는 놀이다. 모둠원 모두가 참여해야 하는 활동으로 잘 어울리지 못하는 사람에게 친구를 사귈 수 있는 기회를 제공한다. 활동 내용도 어렵지 않아 누구나 쉽게 참여할 수 있다. 친교 활동으로 좋다.

놀이방법

1 반 전체를 두 모둠 또는 세 모둠으로 나눈다. 각 모둠에게 A4 종이 세 장과 셀로판테이프 한 개씩 나눠준다. 게임의 내용을 설명해주고, 모둠끼리 누가 무슨 역할을 할지 정할 시간을 준다.

2 신호가 울리면 각 모둠은 A4 종이를 가늘고 길게 찢어 셀로판테이프로 붙인다. 교실 앞에서부터 뒤쪽으로 종이를 늘어놓는다. 5분 동안 제일 길게 늘어뜨린 모둠이 승리한다.

22 깃털 옮기기

• **관련 단원** 창체 활동, 친교 활동
• **준비물** 깃털(배드민턴 셔틀콕 일부)

깃털을 친구에게 전달하는 놀이다. 섬세한 활동으로 집중력을 요구한다. 모둠별로 단체 경기를 할 수 있으며 협동심을 기를 수 있는 활동이다.

놀이방법

1 반 전체를 두 모둠 또는 세 모둠으로 나눈다. 모둠별로 자기 의자에 한 줄로 앉는다. 줄의 맨 앞사람에게 깃털을 하나 준다. 깃털은 새의 깃털 또는 배드민턴 셔틀콕 조각을 줄 수 있다.

2 신호가 울리면 맨 앞사람은 깃털을 자기 두 손바닥 위에 올려놓고, 손바닥을 엎어서 깃털을 뒷사람에게 전달한다. 맨 뒷사람은 다시 자기 앞사람에게 전달한다. 제일 먼저 맨 앞사람에게 다시 깃털이 돌아오게 하는 모둠이 승리한다. 활동을 하다가 깃털이 떨어지면 전달하려던 사람이 주워서 다시 전달하면 된다.

3 깃털을 전달하는 방법을 다르게 한다. 예를 들어 손등에서 손등으로 옮기기, 깃털을 입으로 불어서 상대방 양 손바닥으로 옮기기, 깃털을 입으로 불어서 상대방 양 손등으로 옮기기, 깃털을 공중으로 띄워서 전달하기 등이 있다.

23 누구일까?

• **관련 단원** 창체 활동, 친교 활동
• **준비물** 눈가리개

눈을 감고 친구의 목소리와 키 크기를 어림짐작하며 누구인지 알아맞히는 활동이다. 새 학기에 활동하면 좋은 놀이다.

놀이방법

1 책상을 한쪽으로 밀고 활동할 공간을 만든다. 반 전체 학생이 모두 눈을 가린다. 양손을 앞으로 벌리고 천천히 걸어 다닌다. 아무나 만나면 둘이 "만나서 반갑습니다."라고 인사한다. 그리고 서로 뒤로 돌아 등을 맞대고 선다. 목소리와 키 크기를 분석하여 상대방이 누구인지 상대방의 이름을 말한다.

2 눈을 뜨고 뒤에 있는 사람이 누구인지 확인한다. 친구의 이름을 맞힌 사람은 1점을 획득한다. 다시 눈을 감고 그 친구와 헤어진 후 다른 친구를 만난다.

놀이의 팁 Tip

• 친구들과 친해지면 목소리를 구별하는 것이 쉬울 수 있다. 좀 더 어렵게 하려면 "만나서 반갑습니다."라고 인사하는 대신에 강아지나 닭과 같이 동물 울음소리를 흉내 내게 할 수 있다.

24 출구 찾기

• **관련 단원** 창체 활동, 친교 활동
• **준비물** 눈가리개

눈을 감고 원의 출구를 찾아가는 놀이다. 친구와 친해질 수 있는 친교 활동이다.

놀이방법

1 반 전체를 두 팀으로 나눈다. 한 팀은 손을 잡고 둥글게 서고, 다른 팀은 눈을 가리고 원 안에 자유롭게 선다.

2 손을 잡고 둥글게 선 팀 중에서 한 사람은 잡았던 옆 사람의 손을 놓는다. 그러면 손을 놓은 곳이 출구가 된다.

3 원 안에 선 팀원들은 조심스럽게 출구를 찾는다. 출구를 찾은 사람은 "꼬꼬댁 꼬꼬" 하며 닭 울음소리를 내고 원 밖으로 탈출한다. 그리고 눈가리

개를 풀고 눈을 뜬다. 같은 팀의 다른 사람들도 닭 울음소리를 듣고 그곳으로 모두 탈출한다. 팀원 모두가 탈출할 때까지 걸린 시간을 잰다.

4 공격팀과 수비팀의 역할을 바꾸어 활동한다. 더 짧은 시간에 모두 탈출한 팀이 승리한다.

25 없어진 사람 찾기

• **관련 단원** 창체 활동, 친교 활동

술래를 한 명 정하고 술래가 눈을 감고 있을 때 모두 자리를 바꾸면서 누군가 한 사람이 교실 밖으로 나간다. 술래가 눈을 뜨고 없어진 사람을 찾는 활동으로 새 학기 때 친구를 익힐 수 있는 친교 활동이다.

놀이방법

1 술래를 한 명 정한다. 술래가 눈을 감고 천천히 열까지 숫자를 세는 동안 다른 친구들은 모두 자리를 바꿔 앉는다. 그리고 누군가 한 사람은 교실 밖으로 나간다.
2 술래는 눈을 뜨고 없어진 사람의 이름을 말한다.
3 새로운 술래를 정하고 활동을 계속한다.

놀이의 팁 Tip

• 술래가 눈을 감고 있을 때 네 사람이 자리를 바꾸어 앉으면 누가 자리를 바꾸어 앉았는지 알아맞히는 활동을 해도 좋다.

26 두 발 가기

• **관련 단원** 창체 활동, 친교 활동

술래를 한 명 정하고 술래가 "두 발"이라고 말하면 다른 모든 사람들은 두 발을 움직인다. 술래는 허수아비처럼 양팔을 벌리고 한 발만 움직여 다른 사람을 잡는 친교 활동이다.

놀이방법

1 술래를 한 명 정한다. 다른 사람들은 교실 여기저기에 흩어져 선다.

2 술래가 "두 발"이라고 말하면 다른 모든 사람들은 두 발을 움직인다. 술래는 허수아비처럼 양팔을 벌리고 한 발만 움직여 다른 사람을 잡는다.

3 술래에게 잡힌 사람은 새끼 술래가 되어 양팔을 벌리고 서서 한 발만 움직이며 다른 사람들을 잡는다. 이렇게 모든 사람들이 다 술래가 될 때까지 활동을 계속한다.

4 새로운 술래를 한 명 정하고 활동을 다시 한다.

27 실타래 풀기

• **관련 단원** 창체 활동, 친교 활동

모두 둥글게 손잡고 서서 엉킨 실타래처럼 손을 놓지 말고 친구를 넘어가거나 손 밑으로 빠져나간 뒤 엉킨다. 신호가 울리면 잡고 있는 손을 놓지 말고 엉켜 있는 실타래 풀듯이 풀어보는 친교 활동이다.

놀이방법

1 열 명을 한 모둠으로 한다. 열 명이 모두 둥글게 손잡고 서서 엉킨 실타래처럼 손을 놓지 말고 친구를 넘어가거나 손 밑으로 빠져나간 뒤 엉킨다.
2 신호가 울리면 잡고 있는 손을 놓지 말고 엉켜 있는 실타래 풀듯이 풀어서 처음처럼 둥글게 서도록 한다.
3 인원을 두 명씩 늘려가며 활동한다.
4 반 전체 인원이 모여 활동한다.

28 톱니바퀴 돌기

• **관련 단원** 창체 활동, 친교 활동

두 모둠이 천천히 톱니바퀴 돌아가듯이 한 사람씩 맞물려 돌아가는 활동이다. 나의 모둠과 이웃 모둠이 서로 협력하며 보조를 맞춰야 돌아갈 수 있어 협동심을 기르는 데 도움이 되는 놀이다.

놀이방법

1 다섯 명을 한 모둠으로 둥글게 손을 잡고 선다. 각 모둠을 A 모둠과 B 모둠이라고 한다.

2 두 모둠이 톱니바퀴가 맞물려 있는 것처럼 붙어서 선다. A 모둠이 손을 잡고 서 있으면 다른 B 모둠의 한 두 명 정도는 A 모둠의 손과 손 사이에 서

서 두 개의 원이 옆에 붙도록 선다.

3 신호가 울리면 A 모둠은 시계 방향으로 돌고, B 모둠은 시계 반대방향으로 천천히 돈다. A 모둠의 한 사람이 지나가면, B 모둠의 한 사람이 맞물려 천천히 돌아간다.

4 천천히 맞물려 돌아가면서 느낀 점을 이야기한다.

놀이의 팁 Tip

- 세 모둠이 연결되어 돌아가게 할 수 있다.
- 모둠의 인원을 일곱 명, 아홉 명, 열 명 등 점차 늘려가며 원을 만들 수 있다.

29 봉투 벗기기

• **관련 단원** 창체 활동, 친교 활동
• **준비물** 사각봉투

봉투를 모자처럼 쓰고, 떨어지지 않도록 움직이는 활동이다. 활동하다가 떨어지면 같은 팀원이 다시 씌워줄 수 있어 협동심을 기르는 데 도움이 되는 놀이다.

놀이방법

1 반 전체 인원을 두 팀으로 나눈다. 모두 사각형의 큰 봉투를 모자처럼 머리에 쓴다. 각자 적당한 위치에 자유롭게 선다.

2 봉투를 모자로 쓴 채로 선생님의 지시사항을 따라 한다. 선생님은 봉투가 떨어질 수 있는 행동을 지시한다. 예를 들어 '머리 숙여, 뒤로 돌아, 한 발 들어, 양팔 벌려, 모두 앉았다 일어 서, 제자리에서 두 바퀴 돌아, 옆 사람과 악수해' 등과 같이 어려운 행동을 지시한다.

3 봉투를 떨어뜨린 사람은 움직이지 말고 그 자리에 얼음처럼 멈춰 선다. 같은 팀원이 모자를 다시 씌워주면 활동을 계속한다.

4 제한된 시간에 모자를 쓴 인원이 많은 팀이 우승한다.

30 인간 빙고 게임

• **관련 단원** 창체 활동, 친교 활동
• **준비물** A4 종이

새 학기에 새로운 친구들을 만나 서먹서먹할 때 이 활동을 하면 쉽게 친구를 사귈 수 있으며 친구를 이해하는 데 도움된다. 우리 반에는 나와 비슷한 친구가 있는 반면에 나와 다른 친구가 있다는 것을 알게 되고 서로 다른 친구들이 모여 하나의 반이 형성된다는 것을 알아가는 활동이다.

놀이방법

1 반 전체에게 A4 종이를 한 장씩 나눠준다.

2 A4 종이에 가로세로 다섯 줄을 그려 모두 열여섯 칸의 빙고판을 만든다. 프린트 된 종이를 나눠 줄 수도 있고, 아이들과 같이 그릴 수도 있다.

3 우리 반에 이런 학생이 있을 것 같다는 내용을 각 칸에 적는다. (예 : 게임을

좋아하는 친구, 강아지를 키우는 친구, 축구를 좋아하는 친구, 댄스를 좋아하는 친구, 악기를 연주할 수 있는 친구, 가족이 다섯 식구인 친구, 막내인 친구, 외국에 가본 적이 있는 친구, 선생님이 꿈인 친구, 독서를 좋아하는 친구, 스키를 탈 줄 아는 친구, 고양이를 기르는 친구, 할머니랑 같이 사는 친구, 여름을 좋아하는 친구, 영화를 좋아하는 친구, 만화를 잘 그리는 친구, 안경을 쓴 친구, 파마를 한 친구, 염색한 친구 등)

4 교실을 돌아다니면서 자기가 쓴 내용에 해당되는 친구를 찾는다. 그리고 그 친구가 해당되는 칸에 그 친구의 사인을 받는다.

5 제한된 시간에 빙고를 제일 많이 만든 사람에게 시상한다.

31 우리의 공통점 찾기

- **관련 단원** 창체 활동, 친교 활동
- **준비물** A4 종이

노래를 부르며 돌다가 선생님이 부르는 숫자만큼 모이는 활동을 한다. 네 명이 모였을 때 모둠별로 앉게 하고, 모인 네 명의 공통점이 무엇이 있는지 찾아 그 내용을 종이에 적는다. 공통점을 찾아내려면 많은 대화가 필요한데 이때 대화를 하면서 친구를 알아가게 된다. 그리고 처음 만난 친구끼리 서로 같은 점을 찾아가다 보면 친근감이 형성될 수 있다. 사람은 다른 점도 있지만 같은 점도 있다는 것을 알면 나와 다른 친구도 배척하지 않고 포용하고 수용하는 마음이 생기게 된다. 새학기에 친교 활동으로 좋다.

놀이방법

1. 반 전체가 둥글게 손을 잡고 선다. 노래를 부르며 돌다가 선생님이 부르는 숫자만큼 모이는 활동을 한다.
2. 네 명이 모였을 때 모둠별로 앉게 한다. 그리고 모둠별로 A4 종이 한 장씩 나눠준다.
3. 모인 네 명의 공통점이 무엇이 있는지 찾아 그 내용을 종이에 적는다.
4. 제한된 시간 안에 가장 많은 공통점을 적은 모둠에게 시상한다.

32 고무줄로 컵 쌓기

- **관련 단원** 창체 활동
- **준비물** 종이컵, 고무밴드

고무줄로 컵을 운반하며 컵을 쌓는 협동 활동이다. 손을 사용하지 않고 종이컵을 바로 쌓기도 하고, 엎어 쌓기도 할 수 있을 뿐 아니라 한 번은 엎어 쌓고 그 위에 바로 쌓는 활동을 반복할 수도 있다.

놀이방법

1 네 명을 한 모둠으로 모둠 활동을 한다. 책상 주변으로 스무 개의 종이컵을 놓는다. 열 개는 바로 세워놓고, 열 개는 엎어놓는다.

2 고무밴드 한 개에 동서남북 네 방향으로 네 개의 고무밴드를 연결하고, 연결한 고무밴드를 한 사람이 한 개씩 잡는다. 잡은 고무줄을 당기면 연결된 고무줄이 늘어나게 되는데 그 늘어난 곳에 종이컵이 들어가도록 한다. 당긴 고무줄을 느슨하게 풀어주면 고무줄이 종이컵을 조이게 되어 종이컵을 운반할 수 있게 된다.

3 고무줄 안에 있는 종이컵을 책상 가운데로 옮겨 엎어놓는다. 같은 방법으로 다른 종이컵을 계속 쌓아간다.

4 활동을 반복하며 종이컵 스무 개를 제일 빨리 모두 한곳에 엎어 쌓는 팀이 우승한다. 뒤집어진 종이컵도 손을 사용하여 엎어놓으면 안 되고 오직 고무줄만 활용하여야 한다.

놀이의 팁 Tip

- 다음 활동으로 종이컵을 바로 세워 쌓는 활동을 할 수 있다.
- 맨 아래의 종이컵은 엎어놓고, 그 위의 종이컵은 바로 세워놓고, 그 위의 종이컵은 또 엎어놓으며 가장 높게 쌓는 활동을 해도 좋다. 손으로 하는 것이 아니기 때문에 네 명이 모두 협동하며 집중하지 않으면 안 되는 활동이다.

33 룩송티닉

• **관련 단원** 창체 활동, 친교 활동

필리핀 전통 민속놀이로 두 사람이 발을 붙여 마주 보고 앉으면 다른 친구들은 붙인 발을 뛰어넘는 활동이다. 친구들이 모두 다 뛰어넘으면 손을 하나씩 발에 올리면서 높이를 높인다. 뛰어넘다가 몸에 닿으면 술래가 되어 앉은 사람과 역할을 바꾼다. 새 학기 때 친교 활동으로 좋다.

놀이방법

1 여섯 명을 한 모둠으로 모둠 활동을 한다. 술래 두 명을 정한다. 술래는 서로 마주 보고 앉아 한 발을 맞댄다.

2 다른 친구들은 차례로 술래가 맞댄 발을 뛰어넘는다. 모든 친구들이 다 뛰어넘었으면 술래 한 명은 주먹을 쥐고 엄지손가락과 새끼손가락을 쫙

편다. 그리고 새끼손가락이 친구의 발에 닿도록 하여 높이를 높인다.

3 다른 친구들은 손가락에 닿지 않도록 하며 뛰어넘는다. 뛰어넘다 술래의 손가락을 건드리면 술래가 되어 자리에 앉은 사람과 교대한다. 새로운 술래가 생기면 술래끼리 발을 맞대고 다른 친구들은 뛰어넘는다. 처음부터 다시 시작하는 것이다.

4 술래의 손가락에 닿지 않고 모두 뛰어넘었다면 다른 술래의 한 손을 친구의 엄지손가락에 붙여 높이를 높인다. 뛰어넘다 술래의 손에 닿으면 또 다른 술래와 교대한다. 술래의 두 손을 모두 연결하여 높이를 높였는데 모두 뛰어넘었다면 처음부터 다시 시작한다.

MEMO

MEMO

「이 도서의 국립중앙도서관 출판예정도서목록(CIP)은
서지정보유통지원시스템 홈페이지(http://seoji.nl.go.kr)와
국가자료공동목록시스템(http://www.nl.go.kr/kolisnet)에서 이용하실 수 있습니다.
(CIP제어번호: CIP2020001042)」

고학년 수업 놀이

초판 1쇄 발행 2020년 1월 29일

글 주성환
그림 옥이샘(옥상헌)

발행인 윤을식
편집 김명희 박민진
펴낸곳 도서출판 지식프레임
출판등록 2008년 1월 4일 제 2016-000017호
주소 서울시 서초구 효령로26길 9-12, B1
전화 (02)521-3172 | **팩스** (02)6007-1835

이메일 editor@jisikframe.com
홈페이지 http://www.jisikframe.com

ISBN 978-89-94655-80-2 (03370)